E-Book inside

Mit dem Kauf dieses Buchs erhalten Sie das zugehörige E-Book gratis. Sie können dabei aus drei Dateiformaten wählen: EPUB (gängiges Format für E-Reader und Tablets), PDF (für PC und Laptop) oder MOBI (für den Amazon Kindle). So kommen Sie an Ihr kostenloses E-Book:

Rufen Sie im Internet diese Website auf:
↗ http://www.junfermann.de/ebook-inside

Geben Sie den unten stehenden Code in das dafür vorgesehene Feld ein und klicken Sie → Code einlösen. Nach Eingabe Ihrer E-Mail-Adresse und Auswahl des E-Book-Formats erhalten Sie sofort einen Download-Link für das gewünschte E-Book an Ihre E-Mail-Adresse.

Bitte beachten Sie, dass der Code für Sie personalisiert wird und nur einmal gültig ist. Die Datei müssen Sie zunächst auf Ihrem Computer speichern, bevor Sie sie auf ein mobiles Endgerät überspielen können.

ULNME1ZL

Maike Schwier & Sven Sohr
Mit einem Lächeln
100 Übungen zur Positiven Psychologie

www.junfermann.de

blogweise.junfermann.de

www.facebook.com/junfermann

twitter.com/junfermann

www.youtube.com/user/Junfermann

www.instagram.com/junfermannverlag

MAIKE SCHWIER & SVEN SOHR

MIT EINEM LÄCHELN

100 ÜBUNGEN ZUR POSITIVEN PSYCHOLOGIE

Junfermann Verlag
Paderborn
2021

Copyright	© Junfermann Verlag, Paderborn 2021
Coverfoto	© Diana Drubig – Adobe Stock
Covergestaltung / Reihenentwurf	JUNFERMANN Druck & Service GmbH & Co. KG, Paderborn
Satz & Layout	JUNFERMANN Druck & Service GmbH & Co. KG, Paderborn
	Alle Rechte vorbehalten.
	Das Werk einschließlich aller seiner Teile ist urheberrechtlich geschützt.
	Jede Verwendung außerhalb der engen Grenzen des Urheberrechtsgesetzes ist ohne Zustimmung des Verlages unzulässig und strafbar. Dies gilt insbesondere für Vervielfältigungen, Übersetzungen, Mikroverfilmungen und die Einspeicherung und Verarbeitung in elektronischen Systemen.
Bibliografische Information der Deutschen Nationalbibliothek	Die Deutsche Nationalbibliothek verzeichnet diese Publikation in der Deutschen Nationalbibliografie; detaillierte bibliografische Daten sind im Internet über http://dnb.d-nb.de abrufbar.

ISBN 978-3-7495-0189-2
Dieses Buch erscheint parallel als E-Book.
ISBN 978-3-7495-0241-7 (EPUB), 978-3-7495-0243-1 (PDF),
978-3-7495-0242-4 (EPUB für Kindle)

Inhalt

Vorwort 7
Einführung 13

I. Übungen zur Gesundheit 31
II. Übungen zu Beziehungen 95
III. Übungen zur Entwicklung 139
IV. Übungen zu Lebensfragen 183

Literatur 247
Ausblick 251
Autoren 253

Vorwort

Liebe Leserin und lieber Leser,

mit einem Lächeln laden wir dich dazu ein, Positive Psychologie zu praktizieren.

Lange Zeit hat sich die Psychologie als Wissenschaft vom Erleben und Verhalten vor allem auf unsere menschlichen „Schattenseiten" konzentriert. Wahrscheinlich würde niemand bestreiten, dass die Beschäftigung mit Ängsten, Depressionen oder Süchten sehr wichtig ist. Aber ist das alles, was uns Menschen als „homo sapiens" ausmacht? Seit Beginn des 21. Jahrhunderts gibt es mit der Positiven Psychologie eine wachsende Bewegung, die sich verstärkt für die menschlichen „Sonnenseiten" interessiert und in kurzer Zeit bereits ziemlich viel Wissen zusammengetragen hat.

Doch oft im Leben ist der Weg vom Wissen zum Handeln nicht einfach, obwohl sich Leben „auf dem Platz" entscheidet, wie jeder Sportler weiß. So möchten wir mit attraktiven Übungen zu 100 Schlüsselbegriffen aus der Positiven Psychologie dazu beitragen, grundlegende Phänomene unserer Existenz zu reflektieren und sie in der Praxis zu leben. Nach einer vertiefenden Einführung zur wissenschaftlichen Entwicklung der Positiven Psychologie präsentieren wir 100 Übungen, die sich auf die folgenden vier Anwendungsfelder erstrecken:
- 30 Übungen zur ganzheitlichen Gesundheit,
- 20 Übungen zum Blühen von Beziehungen,
- 20 Übungen zur Persönlichkeitsentwicklung,
- 30 Übungen zu zentralen Fragen des Lebens.

Die Übungen sind sowohl aktivierender als auch reflektierender Natur und bieten die Chance, das eigene Leben und das der Mitmenschen positiv zu verändern. Für die Übungen ist die Autorin, für die einleitenden Texte der Autor verantwortlich.

Schließlich haben wir ein großes Bedürfnis, uns bei allen Menschen zu bedanken, die dieses Buch durch ihre ideelle und tatkräftige Unterstützung möglich gemacht haben: Partner, Familie, Freunde, Studierende und das tolle Team im Junfermann-Verlag. Möge es seine Kreise ziehen und individuell wie kollektiv Gutes fördern.

Viel Freude mit der Positiven Psychologie!

Herzlichst,

Maike Schwier und Sven Sohr

PS: Zum Auftakt gleich eine Frage, die oft gestellt wird: Behandelt „Positive" Psychologie nicht eigentlich genau dieselben Themen, mit denen sich auch die traditionelle Psychologie beschäftigt? Teilweise stimmt das. Größtenteils jedoch geht es in der Positiven Psychologie um Fragen, die bisher vernachlässigt wurden.

Als Beleg empfehlen wir den Blick in das „Lexikon Psychologie" (Reclam 2010), in dem 100 Grundbegriffe vorgestellt werden. Dort finden sich, alphabetisch aufgelistet, z. B. Ausführungen zu Abwehrmechanismen, Aggression, Angst, Phobie und Panik, Anorexie und Bulimie, Autismus, Borderline-Störung, Burnout, Demenz, Depression, Dissoziative Identitätsstörung, Halluzinationen, Hysterie, Konflikte, Manie, Mobbing, Narzissmus, Neurose, Paranoia, Psychiatrie, Psychose, Regression, Schizophrenie, Schuldgefühl, Stress, Sucht, Suizid, Trauma, Wahn, Zwang.

Schwere Kost! Dagegen gibt es 90 % der in unserem Buch vorgestellten Begriffe zur Positiven Psychologie dort nicht – nur zehn Themen haben denselben Titel:
- Entwicklung
- Führung
- Identität
- Intelligenz
- Kommunikation
- Lernen
- Motivation
- Prävention
- Sexualität
- Schlaf

Spannend ist auch ein Blick in das analoge „Lexikon Philosophie" (Reclam 2013), in dem ebenfalls 100 Grundbegriffe vorgestellt werden. Hier gibt es immerhin zwölf Termini, die sich auch in unserem Buch zur Positiven Psychologie wiederfinden:
- Altruismus
- Autonomie
- Ethik
- Gerechtigkeit
- Identität
- Intuition
- Natur
- Seele
- Sinn
- Toleranz
- Tugend
- Werte

Auf den nächsten Seiten findest du einen Überblick über die vielen weiteren Themen- und Übungsfelder, denen du dich jetzt widmen kannst. Viel Spaß!

I. Gesundheit

1.	Übung – Achtsamkeit: Ein Spaziergang	34
2.	Übung – Coaching: Selbst-Coaching	36
3.	Übung – Dankbarkeit: Dankbarkeitsbuch	38
4.	Übung – Entspannung: Entspannter Monat	40
5.	Übung – Ernährung: Ernährungstagebuch	42
6.	Übung – Gelassenheit: Gelassen reagieren	44
7.	Übung – Gesundheit: Ein gesundes Ziel	46
8.	Übung – Glück: Glücksmomente	48
9.	Übung – Hoffnung: Hoffnungen beleben	50
10.	Übung – Humor: Anziehender Humor	52
11.	Übung – Intuition: Intuitiver Ausflug	54
12.	Übung – Meditation: Atem-Meditation	56
13.	Übung – Mitgefühl: Selbstmitgefühl	58
14.	Übung – Muße: Muße genießen	60
15.	Übung – Musik: Lieblingsmusik	62
16.	Übung – Natur: Fotos ohne Kamera	64
17.	Übung – Optimismus: Wunder-Frage	66
18.	Übung – Prävention: Präventionsplan	68
19.	Übung – Regeneration: Regenerationszeit	70
20.	Übung – Resilienz: Ressourcen finden	72
21.	Übung – Schlaf: Schöner Schlafen	74
22.	Übung – Sensibilität: Sensibilität zulassen	76
23.	Übung – Sport: Bewegung bewegt	78
24.	Übung – Stille: Still werden	80
25.	Übung – Therapie: Heilsame Hilfe	82
26.	Übung – Träume: Traum-Botschaften	84
27.	Übung – Trauer: Trauer-Botschaften	86
28.	Übung – Vergebung: Selbst-Vergebung	88
29.	Übung – Wohlbefinden: Feelgood-Manager	90
30.	Übung – Zufriedenheit: Bestandsaufnahme	92

II. Beziehungen

31. Übung – Altruismus: Eine selbstlose Tat 98
32. Übung – Bindung: Bindungsanalyse 100
33. Übung – Empathie: Empathisches Zuhören 102
34. Übung – Feedback: Umgang mit Feedback 104
35. Übung – Freundlichkeit: Tag der Freundlichkeit 106
36. Übung – Freundschaft: Freundschaft pflegen 108
37. Übung – Geborgenheit: Freie Umarmung 110
38. Übung – Generosität: Großzügig sein 112
39. Übung – Güte: Gütige Haltung 114
40. Übung – Kommunikation: Aktives Zuhören 116
41. Übung – Liebe: Sprachen der Liebe 118
42. Übung – Mediation: Talkshow-Analyse 120
43. Übung – Respekt: Respekt zeigen 122
44. Übung – Selbstwert: Selbstwert spiegeln 124
45. Übung – Sexualität: Sinnlichkeit spüren 126
46. Übung – Solidarität: Verbinden und vernetzen 128
47. Übung – Teamspirit: Wir-Gefühle kultivieren 130
48. Übung – Toleranz: Kreise der Toleranz 132
49. Übung – Vertrauen: Vertrauensvorschuss 134
50. Übung – Zivilcourage: Zivilcourage leben 136

III. Entwicklung

51. Übung – Askese: Digitaler Detox 142
52. Übung – Autonomie: Autonome Stunde 144
53. Übung – Charisma: Das gewisse Etwas 146
54. Übung – Disziplin: Eine Herausforderung 148
55. Übung – Entwicklung: Entwicklung erkennen 150
56. Übung – Flow: Flow-Gefühle erleben 152
57. Übung – Führung: Führung übernehmen 154
58. Übung – Intelligenz: Intelligenz ausbauen 156
59. Übung – Kreativität: Ein kreatives Projekt 158
60. Übung – Kunst: Kunst neu entdecken 160
61. Übung – Lernen: Lustvolles Lernen 162
62. Übung – Motivation: Die „Warum-Frage" 164
63. Übung – Mut: Ängste überwinden 166
64. Übung – Offenheit: Offenheit aussenden 168
65. Übung – Persönlichkeit: Die Spiegel-Übung 170

66.	Übung – Rhetorik: Positive Rhetorik	172
67.	Übung – Selbstreflexion: Buch des Lebens	174
68.	Übung – Selbstwirksamkeit: Selbst wirksam sein	176
69.	Übung – Wachstum: Zauber der Zukunft	178
70.	Übung – Zukunftsfähigkeit: Reise in die Zukunft	180

IV. Lebensfragen

71.	Übung – Authentizität: Authentisch sein	186
72.	Übung – Demut: Demütige Momente	188
73.	Übung – Ehrfurcht: Zeit zum Staunen	190
74.	Übung – Enthusiasmus: Wann hebst du ab?	192
75.	Übung – Ethik: Welche Ethik lebst du?	194
76.	Übung – Geduld: Geduld zelebrieren	196
77.	Übung – Genügsamkeit: Tabularasa machen	198
78.	Übung – Gerechtigkeit: Gerechtigkeit leben	200
79.	Übung – Gewissen: Sensibles Gewissen	202
80.	Übung – Heimat: Heimatgefühle spüren	204
81.	Übung – Identität: Wer sind wir wirklich?	206
82.	Übung – Inspiration: Quellen der Inspiration	208
83.	Übung – Integrität: Integrität integrieren	210
84.	Übung – Lebenssinn: Meine letzten Worte	212
85.	Übung – Leidenschaft: Zeitlose Leidenschaft	214
86.	Übung – Mäßigung: Restaurant-Besuch	216
87.	Übung – Moral: Wo bleibt die Moral?	218
88.	Übung – Mündigkeit: Mündige Beispiele	220
89.	Übung – Neugier: Neues Entdecken	222
90.	Übung – Religion: Sätze des Glaubens	224
91.	Übung – Schönheit: Macht (der) Schönheit	226
92.	Übung – Seele: Date mit der Seele	228
93.	Übung – Sehnsucht: Sehnsucht-Check	230
94.	Übung – Spiritualität: Kraftorte suchen	232
95.	Übung – Stärken: Stärken stärken	234
96.	Übung – Tugend: Tugend entfalten	236
97.	Übung – Verantwortung: Antwort geben	238
98.	Übung – Werte: Werte-Welten	240
99.	Übung – Weisheit: Weise Menschen	242
100.	Übung – Zeitwohlstand: Zeitkuchen-Zeugnis	244

Einführung

> *„Denken müssen wir ja sowieso –*
> *warum dann nicht gleich positiv?"*
>
> Einstein

Wer „Positive Psychologie" googelt, kann heute (Stand 2020) auf etwa 44 Millionen Internet-Verweise kommen – mit einer sehr dynamisch steigenden Frequenz-Tendenz. Offenbar gibt es im 21. Jahrhundert eine starke Sehnsucht nach Positivität. Angesichts der Meldungen, die uns täglich über die Medien erreichen, mag das kein Wunder sein: Corona-Virus, Kriege, Mord, moralische Dekadenz, Klima-Katastrophe und so weiter.

Vieles scheint falsch zu laufen in dieser Welt, so dass sich die Frage stellt, ob es auch anders geht. Die relativ junge wissenschaftliche Disziplin der Positiven Psychologie verspricht hilfreiche Antworten. Positive Psychologie – was ist das und wer steckt dahinter? Hier einige Einblicke zur Geschichte, Gegenwart und potenziellen Zukunft.

1. Wurzeln der Positiven Psychologie

Fragen nach einem guten, gelingenden und glücklichen Leben haben die Menschen wahrscheinlich zu allen Zeiten beschäftigt – sie sind wohl so alt wie die Menschheit. Eine besonders intensive Auseinandersetzung mit diesen Fragen gibt es in Religionen und in der Philosophie.

So stellen alle fünf großen *Welt-Religionen* die Frage nach dem Sinn unseres Lebens. Ihre Antworten weisen zwar große Unterschiede, doch auch einige Gemeinsamkeiten auf (Sohr 2015). Besonders auffällig sind ethische Grundüberzeugungen, welche das menschliche Miteinander auszeichnen. So gibt es z.B. die berühmte „Goldene Regel", die sich in dem Sprichwort „Was du nicht willst, das man dir tut, das füg auch keinem anderen zu" zusammenfassen lässt, in ähnlichen Versionen im Judentum, Christentum, Hinduismus, Buddhismus und Islam.

Die philosophischen Vorläufer der Positiven Psychologie werden häufig in der Antike wahrgenommen, insbesondere in Griechenland. Viele Darstellungen heben Aristoteles hervor (z.B. Blickhan 2015). Aristoteles war ein Schüler von Platon, der wiederum ein Schüler von Sokrates war. Um die Potenziale einer Positiven Psychologie zu erkennen, empfiehlt sich ein kurzes Verweilen bei den Glücksvorstellungen antiker Philosophie, die uns als „Liebe zur Weisheit" begegnet.

In der Antike dachten diverse philosophische Schulen über den Weg zum Glück nach, wie die Stoiker (Glück als Seelenruhe), Hedonisten (Glück durch Genussfähigkeit und Lust), Skeptiker (Glück durch Freiheit von Vorurteilen) und die Kyniker (Glück durch Unabhängigkeit und Bedürfnislosigkeit, nicht zu verwechseln mit der Gefühllosigkeit moderner Zyniker) – vor allem aber die drei klassischen Philosophen.

Für *Sokrates* sind zwei zentrale Überzeugungen entscheidend: Die Suffizienzthese (Moralität als hinreichende Bedingung von Glück) und die Identitätsthese (Einheit von Moral und Glück). Mit anderen Worten: Sittliches Verhalten führt nicht nur zu einem erfüllten Leben – es *ist* erfülltes Leben und bedarf keinerlei Zusätze. In seiner Todesstunde sagte Sokrates: „Es ist besser, Unrecht zu erleiden als Unrecht zu tun."

Auch für *Platon* ergibt sich Glück ausschließlich aus der seelischen Verfassung. Wer sein Leben in Nachahmung der „göttlichen Idee des Guten" gerecht führt, landet nach dem Tod auf der „Insel der Seligen", wo er in vollkommener Glückseligkeit lebt.

Dagegen ist das Glücksmodell von *Aristoteles* antiplatonisch: „Wenn manche sagen, der Gefolterte oder der von Schicksalsschlägen Betroffene sei glücklich, wenn er nur gut sei, so behaupten sie mit oder ohne Absicht Unsinn." Zu Glücksbedingungen von Aristoteles gehören auch materielle und soziale Güter als Wohlfühl- und Werteglück.

Gemeinsam ist den Auffassungen, dass Glück eine Synthese aus Empfindungs- und Erfüllungsglück ist. Der Historiker Herodot weist darauf hin, dass sich die Erfüllung erst in der Todesstunde zeigt und dass Glück durch menschliche Hybris gefährdet ist.

Natürlich gibt es auch Philosophen der Moderne, die sich der Glücks- und Sinnfrage widmeten. Nach Whitehead (Kann 2001) sind sie aber nur „Fußnoten zu Platon".

Bilanzierend ist festzuhalten, dass die Positive Psychologie ihren Namen zwar erst im 20. Jahrhundert bekam, geistige Wurzeln jedoch schon seit Jahrtausenden existieren, deren reichhaltige Vielfalt bisher noch wenig beachtet wird.

2. Vorgeschichte der Positiven Psychologie

Die Entwicklung der Positiven Psychologie wäre ohne die Geschichte der Psychologie nicht denkbar, schließlich ist die eine eine Reaktion auf die andere. Die Geschichte moderner Psychologie beginnt im 19. Jahrhundert und hat ihren Schwerpunkt im 20. Jahrhundert, als sich die großen drei Schulen (Psychoanalyse, Behaviorismus und Humanistische Psychologie) herausbildeten. Psychologie wird heutzutage definiert als Wissenschaft vom Erleben und Verhalten des Menschen mit dem Ziel der Beschreibung, Erklärung, Vorhersage und Veränderung, wobei die Grundlage nach wie vor das Verstehen bildet.

Wie für die Positive Psychologie im Besonderen gilt für die Psychologie allgemein, dass sie eine lange Tradition und eine eher kurze Geschichte hat. Historisch wurden die Wurzeln der *„Lehre von der Seele"* bereits im antiken Mythos gelegt, wo Psyche als personifizierte Göttin die zarte Geliebte von Eros war. Seele heißt „Hauch" oder Atem. Doch einhergehend mit dem Siegeszug der modernen Naturwissenschaften, welche die Natur nicht mehr als Subjekt, sondern als Objekt sehen, kam es auch zu einer *„Psychologie ohne Seele"* (Jüttemann 2000). Ein Meilenstein war hierbei das erste psychologische Experimentallabor von Wilhelm Wundt anno 1879 in Leipzig.

Als „Geburtsstunde" der Geschichte der Psychotherapie gilt 1900 die Publikation der „Traumdeutung" durch Sigmund Freud, den Begründer der *Psychoanalyse,* welche auf einem negativen Menschenbild fußt. Demnach ist der Mensch quasi von Natur aus vor allem triebgesteuert und destruktiv. Der Psychoanalytiker versucht, die Patienten über deren unbewusste Antriebe aufzuklären. Auch wenn Freuds Schüler wie Jung, Adler und andere die Psychoanalyse tendenziell weiterentwickelten, blieb das Menschenbild in seiner Pathologie bestehen und prägte die klinische Psychologie und Psychiatrie.

Auf die Psychoanalyse folgte als zweite bedeutsame Schule der *Behaviorismus* (Lehre vom Verhalten), der auf Tierexperimenten, wie etwa jenen von Pawlow mit Hunden und von Skinner mit Tauben, aufbaut und in der Verhaltenstherapie mündete. Als Begründer des Behaviorismus gilt der amerikanische Psychologe John Watson, der 1920 durch ein Experiment mit einem Baby berühmt wurde, dem er experimentell erzeugte Neurosen zufügte, um zu zeigen, dass jedes Verhalten erlernbar ist. Das traditionelle Menschenbild des Behaviorismus basiert auf der Hypothese, dass wir bei unserer Geburt ein „leeres Blatt" (Tabularasa-Theorie) sind, das letztlich den Einflüssen seiner Umwelt ausgeliefert ist.

Im Gegensatz zu nachfolgenden psychologischen Verständnissen und therapeutischen Interventionen werden auch heute noch ausschließlich die auf diesen beiden Schulen basierenden Angebote der Psychotherapie (Tiefenpsychologie, d. h. Psychoanalyse, und Verhaltenstherapie) von den Krankenkassen finanziell unterstützt. Gibt es alternative Ansätze, um dem Menschen ganzheitlicher als mit dem beschriebenen Reduktionismus gerecht zu werden?

3. „Großeltern" der Positiven Psychologie

Im Gründungsmanifest der *Humanistischen Psychologie* heißt es: „Wir Psychologen sind es leid, Psychologen zu sein, wenn Psychologie darin besteht, den Menschen als eine größere weiße Ratte oder einen langsameren Computer zu betrachten" (Bugental 1967). Während dabei die Ratte als Anspielung auf den Behaviorismus dient, bezieht sich der Computer auf die Richtung des Kognitivismus der Psychologie, der im Zuge der sog. kognitiven Wende vor allem an Hochschulen in Europa seit den 60er-Jahren des 20. Jahrhunderts unter Abspaltung der emotionalen Seite zum Leitkonzept wurde.

Mit der Humanistischen Psychologie entstand Mitte des 20. Jahrhunderts in Amerika eine dritte „Kraft" der Psychologie, die von einem positiveren Menschenbild ausging, nach dem homo sapiens ein konstruktiver Gestalter seiner Umwelt sei, der sich selbst verwirklichen möchte. „Großeltern" der Positiven Psychologie sind vor allem Rogers und Maslow, aber auch Männer und Frauen wie Allport, Bühler, Frankl, Fromm, May, Perls sowie Satir, die ein positives Menschenbild verkörperten.

Carl *Rogers* (1902–1987) revolutionierte als Gründer klienten-zentrierter Gesprächspsychotherapie die Psychotherapie mit seiner Annahme, dass der Mensch von Natur aus gut sei und vor allem Hilfe zur Selbsthilfe in Form einer empathischen Grundhaltung seitens des Therapeuten brauche, um seine Persönlichkeit positiv entfalten zu können. Rogers begleitete seine Klienten auf dem Weg hin zu einer „fully functioning person". Dabei war er auch vom dänischen Philosophen Kierkegaard inspiriert, der aufbauend auf dem Taoismus das Ziel der menschlichen Entwicklung mit dem Credo beschrieb: „Das Selbst zu sein, was man in Wahrheit ist" (Rogers 1961).

Abraham *Maslow* (1908–1970) wurde bekannt durch seine motivationspsychologische Forschung zur Bedürfnispyramide. Zugleich war er einer der kreativsten Psychologen des 20. Jahrhunderts. Gemeinsam mit Rogers ist er der Gründervater Humanistischer Psychologie und kann gleichzeitig auch als Begründer der Positiven Psychologie angesehen werden. So trägt das letzte Kapitel seines Buches *Motivation und Persönlichkeit* den Titel „Towards a Positive Psychology" (1954). Wo ist die Psychologie, fragte er, die der Liebe und dem Wohlergehen genauso so viel Bedeutung schenkt wie dem Unglück? Tatsächlich dachte Maslow schon in die Zukunft:

„Ich sollte auch sagen, dass ich die Humanistische Psychologie, die Psychologie der dritten Kraft, nur als vorübergehend, als Vorbereitung auf eine noch höhere vierte Psychologie sehe, die transhuman ist und über Identität und Selbstverwirklichung hinausgeht" (1966, 11). Folgerichtig ergänzte er am Lebensende seine Bedürfnispyramide um eine sechste Stufe der Transzendenz.

Zu den besonderen Merkmalen der Humanistischen Psychologie gehören ihre Sinn- und Wertorientierungen, die auch mit politischem Engagement einhergingen. Immer mehr Menschen beschäftigten sich angesichts der technischen Entfremdung, atomarer Bedrohung und wachsenden Umweltzerstörung mit Fragen nach dem Sinn des Lebens.

Politisch inspiriert wurde die Humanistische Psychologie in den 1960er-Jahren durch die tragischen Ermordungen des jungen Präsidenten John F. Kennedy und des schwarzen Bürgerrechtlers Martin Luther-King. So kämpften große Teile der jungen Generation als Hippiebewegung für eine andere Gesellschaft und beförderten dabei die Friedens-, Frauen- und Öko-Bewegung.

4. „Eltern" der Positiven Psychologie

Was geschah im letzten Drittel des 20. Jahrhunderts zwischen der Blütezeit der Humanistischen Psychologie und den Anfängen einer Positiven Psychologie?

Politisch veränderte sich die Welt nicht so, wie es sich humanistische Psychologen vorstellten. Zwar gab es in den 1970er-Jahren mit der weltweiten Ölkrise, der Gründung von Umweltschutzorganisationen und grünen Parteien ein zunehmendes Bewusstsein der „Grenzen des Wachstums" und in den 1980er-Jahren wachsenden Widerstand gegen die Atomkriegsbedrohungen und totalitäre Staaten, die u. a. zum Ende der Apartheid in Südafrika sowie zum Fall der Mauer in Deutschland führten, doch mit dem Beginn der Globalisierung in den 1990er-Jahren verschärften sich die Menschheitsprobleme. Ebenso offenbarte die beginnende Digitalisierung die Schatten des technischen „Fortschritts" mit einer starken Zunahme von Phänomenen wie Stress, Burnout und Depressionen.

Psychologisch entwickelte sich die Humanistische Psychologie vor allem im Bereich der Therapie. An den Hochschulen konnte sie sich jedoch nicht etablieren. Vielmehr dominierte im Zuge der sog. kognitiven Wende das von humanistischen Psychologen kritisch beurteilte Menschenbild eines Computers mit der Abspaltung von Emotionen. Diese Tendenz verstärkte sich auch durch das Aufkommen der Neurowissenschaften. In der letzten Dekade des 20. Jahrhunderts kamen zunehmend

Widerstände gegen eine lebensferne Psychologie auf. Sie führten z. B. zur Gründung einer „Neuen Gesellschaft für Psychologie", welche für eine größere Vielfalt der Methoden und Inhalte plädierte.

Die offizielle Geburtsstunde der Positiven Psychologie fand 1998 in Amerika statt, als *Martin Seligman* in seiner Antrittsrede als Präsident der amerikanischen Psychologen-Vereinigung (APA) für eine Neuausrichtung der Psychologie warb. Statt sich primär auf die Schattenseiten des menschlichen Seins zu konzentrieren, sollte sich Positive Psychologie auch mit den Potenzialen des Menschen beschäftigen. Animiert wurde Seligman durch seine kleine Tochter, die ihn beim „Unkrautjäten" fragte, warum er immer so negativ sei. Seligman vollzog einen persönlichen Paradigmenwechsel und begann, über „erlernten Optimismus" statt über „erlernte Hilflosigkeit" zu forschen.

Als „spiritus rector" wird Seligman zum „Vater" der Positiven Psychologie ernannt, der viele Entwicklungen ins Rollen brachte, besonders die eines ersten Master-Studiums für Positive Psychologie ab 2005 an der Universität Pennsylvania, die als „Hauptstadt" der Bewegung gilt. Heute gibt es entsprechende Angebote auch an anderen Hochschulen in Amerika, Australien und Europa, teilweise sogar in Asien.

Auch inhaltlich förderte Seligman maßgeblich die Entfaltung Positiver Psychologie. Bei seinen Forschungen über Optimismus (2001), Tugenden (2004) und Aufblühen (2012) erkannte er auch Synergien im Anwendungsfeld Coaching quasi als Therapie für Gesunde: „Das Coaching ist eine Praxis auf der Suche nach einer tragenden Säule, oder genauer gesagt, nach zwei tragenden Säulen – einerseits einer wissenschaftlich evidenzbasierten und andererseits einer theoretischen. Ich glaube, dass das neue Fach der Positiven Psychologie beide Säulen zur Verfügung stellen kann" (Seligman 2007).

In seiner Generation fand Seligman auch einige „Brüder und Schwestern" als wichtige Wegbereiter von Forschern, die sich Themen der Positiven Psychologie bereits im 20. Jahrhundert widmeten. Metaphorisch gesprochen als „Onkel und Tanten" einer neuen Ausrichtung können in diesem Sinn auch Ellen Langer (Harvard/Cambridge), Edward Diener (Virginia), Charles Snyder (Kansas) und Mihaly Cziksentmihlayi (Kalifornien) genannt werden, die über Achtsamkeit, Wohlbefinden, Hoffnung und Flow forschten.

Auch in Deutschland gab es eine kleine „Eltern-Generation" der Positiven Psychologie, wie die Publikationen von Brockert (2001), Auhagen (2004), Sohr und Rösler (2009) zeigen. Insbesondere *Ann Auhagen* kann hierzulande als eine „Mutter" der Positiven Psychologie mit Themen wie z. B. Verantwortung und Freundschaft gesehen werden.

Die erste Dekade des 21. Jahrhunderts bezeichnet der aus China stammende Kanadier Paul Wong als „Positive Psychologie 1.0", die von einer „Positiven Psychologie 2.0" in der nächsten Dekade weiterentwickelt wurde – mit einer verstärkt ganzheitlicheren Ausrichtung und Etablierung in Wissenschaft und Praxis (Wong 2011).

5. „Kinder" der Positiven Psychologie

Zu Weiterentwicklern der Positiven Psychologie als „Söhne und Töchter" der neuen Generation mit dem Ausbau des Themenspektrums gehören u. a. Barbara Fredrickson (Carolina), Robert Biswas-Diener (Portland), Robert Emmons (Davis), Kristin Neff (Texas), Kim Cameron und der aus Chile stammende Marciel Losada (die beide in Michigan wirken) mit ihren Forschungsarbeiten über positive Emotionen, positives Coaching, Dankbarkeit, Selbstmitgefühl, Positive Leadership / Hochleistungsteams.

Demgegenüber fand die Positive Psychologie im deutschsprachigen Raum bis heute noch kaum Anschluss in Universitäten (Stand: Sommer 2020). Auf der akademischen Ebene gibt es lediglich maximal einjährige Zertifizierungsangebote an der Universität Zürich durch Willibald Ruch und an der Universität Trier durch Michaela Brohm-Bardy.

Dafür entfaltet sich die Positive Psychologie hierzulande zunehmend in der Praxis, vor allem in der Wirtschaft (z. B. Tomoff 2015 oder Rose 2019) und Erziehung, wo Burow (2011) eine „Positive Pädagogik" postulierte und das Fach Glück an mittlerweile über 100 Schulen eingeführt wurde. Einen Schlüsselbeitrag zur Verbreitung der Positiven Psychologie in Deutschland leisten u. a. die Ausbildungsinstitute im Inntal (seit 2013) und in Berlin (seit 2014), unter Leitung von Daniela Blickhan und Judith Mangelsdorf, zugleich Vorsitzende im deutschsprachigen „Dachverband für Positive Psychologie".

6. Kritik an der Positiven Psychologie

Gemäß dem kritischen Rationalismus entwickeln sich wissenschaftliche Erkenntnisse kontinuierlich weiter (Popper 1934). Wenn sich Disziplinen nach längeren Phasen der Kontinuität manchmal in historisch kurzer Zeit dynamisch in eine ganz neue Richtung verändern, spricht man von einem „Paradigmenwechsel" (Kuhn 1962). Solche Wandel gehen in der Regel mit starken Widerständen der „alten" Mitglieder wissenschaftlicher Disziplinen einher. Daher ist die teils heftige Kritik an der Positiven Psychologie nicht so verwunderlich.

„Schlechte Presse für Positive Psychologe" titelt der Theologe Michael Utsch von der evangelischen Zentralstelle für Weltanschauungsfragen. Kritik kann unterschiedliches Niveau offenbaren. Kommentare von Kollegen wie „Ich habe zwar keine Ahnung von Positiver Psychologie, doch ich bin dagegen!" lassen erahnen, dass ein Problem in der weit verbreiteten Ignoranz und Arroganz vorherrschender Wissenschaftsvertreter liegt.

Umso wichtiger scheint es, sich mit grundlegenden Kritiken auseinanderzusetzen, wie sie psychologisch (Mayring 2012), politologisch (Steinmeyer 2018) oder soziologisch (Canabis & Illouz 2019) artikuliert werden. Bilanzierend lassen sich alle Einwände in sieben Punkten zusammenfassen. Die Evaluation der Kritiken führt zu differenzierten Urteilen, flankiert von der Ablehnung des ersten Punktes und Zustimmung zum letzten Punkt.

- *Illegitimität*: Manche Autoren sprechen der Positiven Psychologie ihre Existenz als Wissenschaft ganz ab, sie sei „eine Pseudowissenschaft, deren Postulate und Logik sich durchweg als fehlerhaft erweisen" (Canabis & Illuouz 2019, 17). Bei inzwischen fast 100.000 meist empirischen Studien in nur zwei Jahrzehnten der Forschung Positiver Psychologie disqualifiziert sich solche Polemik von selbst.
- *Inszenierung*: Einige Kritiker stören sich am Auftreten führender Vertreter wie Seligman: „Das, was an der Positiven Psychologie so verstört, ist ihr Sendungsbewusstsein und ihr Ausschließlichkeitsanspruch" (Mayring 2012, 58). Gewiss ist die traditionell selbstbewusste amerikanische Performance aus europäischer Perspektive gewöhnungsbedürftig. Allerdings betont die Positive Psychologie immer wieder, dass es ihr nicht um eine Auflösung der bisherigen Psychologie geht, sondern um „eine notwendige und sinnvolle Ergänzung" (Blickhan 2018). Vielleicht sollte die Positive Psychologie jedoch künftig bei manchen Themen deutlicher transparent machen, dass einige wichtige Einsichten, für welche sie zu sensibilisieren versucht, zum zeitlosen Menschheitswissen gehören, wie z. B. das Bewusstsein der Kraft von Dankbarkeit: „Das Copyright für die Erkenntnis liegt nicht bei den Positiven Psychologen, sondern bei den Religionen, die das Danken schon seit Jahrtausenden vermitteln" (Steinmeyer 2018, 118).
- *Ignorierung*: Beliebt ist auch der Vorwurf von Polarisierungen seitens Positiver Psychologie, verbunden mit der ungläubigen Nachfrage, ob die Psychologie im 20. Jahrhundert überhaupt so negativ war, wie ihr unterstellt wird. Dabei zeigen positive Psychologen auch in dieser Frage tolerante Haltungen (Blickhan 2015): „Wer den Begriff der Positiven Psychologie verwendet, sollte nie die Existenz einer Negativen Psychologie implizieren oder die bestehende Psychologie als negativ

abwerten." Tatsächlich lässt sich diese Frage empirisch leicht bejahen: So belegen Datenbank-Auswertungen, dass der Forschungsanteil von positiven Phänomenen (wie Freude und Dankbarkeit) im Vergleich zur Erforschung von seelischem Leid (wie Angst und Depressionen) unter 1 % lag (Brockert 2001). Dies schließt natürlich nicht aus, dass es jenseits dominanter Disziplinen wie der Klinischen Psychologie auch vereinzelt positive Forschungsdomänen gab.

- *Idealisierung*: Vorgeworfen wird der Positiven Psychologie nicht nur, dass sie die bisherige Psychologie zu negativ sieht, sondern selbst auch ein zu positives Menschenbild hat, das zu Einseitigkeiten führt. Positive Psychologie wird dabei zur „Happyologie" reduziert, die das Negative ausblendet und „Happychonder" (Canabis & Illouz 2019, 19) hervorbringt. Positive Psychologie und positives Denken seien „im Kern identisch" (Steinmeyer 2018, 104). Auch mit diesem Vorwurf setzen sich Vertreterinnen auseinander, indem sie „positives Denken" als unwissenschaftlich bezeichnen (Blickhan 2015). Wie dem auch sei, ein zu positives Menschenbild scheint problematisch zu sein (wie die nächsten Punkte zeigen) – ein zu negatives aber auch, wie es Freud verkündete, demzufolge Glück im Plan der Schöpfung nicht vorgesehen sei (Freud 1930). Auch humanistische Psychologen sahen sich übrigens dem Vorwurf ausgesetzt, „zu positiv" zu sein. Hier könnte sich die Positive Psychologie an Carl Rogers als Vorbild erinnern, der sich trotz seiner Positivität keine Illusionen über die ambivalente Natur des Menschen machte (1961, 42): „Ich habe kein euphorisches Bild der menschlichen Natur. Ich weiß, dass Individuen sich – aus Abwehr und innerer Angst – unglaublich grausam, destruktiv, unreif, regressiv, asozial und schädlich verhalten können."
- *Instrumentalisierung*: Vorwürfe der Vereinnahmung entzünden sich wiederum an Seligman und der Finanzierung seiner Projekte der Positiven Psychologie in der Gründerzeit und den damit einhergehenden inhaltlichen Ausrichtungen. So wurde Seligman zum einen von der konservativen John Templeton Foundation mit zwei Millionen US-Dollar ausgestattet, um an der Universität Pennsylvania das „Positive Psychology Center" zu entwickeln. In einem früheren Buch hatte Seligman die bei der Gruppierung populäre These von der „Therapierbarkeit" von Homosexualität aufgegriffen (1993, 156). Zum anderen erhielt er ein Projekt in der US-Armee namens „Comprehensive Soldier Fitness" (CSF), das mit einem sagenhaften Budget von 145 Millionen US-Dollar ausgestattet war, um u. a. die Module zu Resilienz und posttraumatischem Wachstum auszugestalten. Seine Zusammenarbeit mit der Armee bezeichnete er als „Mutter aller Forschung" (1993, 211), wobei er Optimismus als strategischen Vorteil in zukünftigen Weltkriegen ansah (1993, 127). Ist es nicht moralisch fragwürdig, „einen widerstandsfähigeren Soldaten zu schaffen, einen, der kein Trauma erleidet, wenn er tötet" (Illouz 2019, 106)? Denn in diesem Kontext ist „kein Raum mehr für Mitleid und Mitgefühl" (Canabis & Illouz 2019, 197). Forschung, welche erwünschte Ergebnisse aus Sicht

des Auftraggebers produziert, noch dazu für militärische Zwecke, ist wissenschaftlich und ethisch problematisch. Mit dieser dunklen Seite von Seligman hat sich die Positive Psychologie bisher offiziell noch nicht auseinandergesetzt, was aus Gründen der Glaubwürdigkeit wünschenswert wäre. Zur „Ehrenrettung" der Positiven Psychologie sollte an dieser Stelle darauf hingewiesen werden, dass eine Bewegung viel mehr ist als nur ihr führender Vertreter – und dass es in der Verantwortung von uns allen liegt, zu welchem Zweck wir wissenschaftliches Knowhow nutzen. So kann z. B. das Wissen der Rhetorik stets sowohl negativen als auch positiven Werten dienen (Sohr 2014). Ein anderes Beispiel: In der sog. „Nonnen-Studie" wählten einige Nonnen als junge Frauen beim Eintritt ins Kloster ein Wertesystem aus, das mit positiven Glaubensgefühlen einherging, was letztlich dazu führte, dass sie am Ende ihres Lebens im Schnitt zehn Jahre länger lebten als die Nonnen mit einer negativen Einstellung (Snowdon 2001). Wir können wählen, welche Wege wir gehen wollen und welche nicht.

- *Ideologisierung:* Der beliebteste Vorwurf gegen die Positive Psychologie ist der einer angeblichen Ideologisierung. Er wird von mehr oder weniger allen Autoren erhoben: Manche sehen die Positive Psychologie „in der Nähe einer Ideologie" (Mayring), „in der Tat" als Ideologie (Steinmeyer), als „die pure Ideologie des Neoliberalismus" (Illous) oder als Propaganda eines ideologischen calvinistischen Wertekatalogs: „Positive Psychologie – forcierter Optimismus – ist ziemlich calvinistisch (…), dieses Bedürfnis, Glück mit Arbeit zu kombinieren" (Ehrenreich 2010, 159). Der Terminus Ideologie wird gern als Schimpfwort verwendet, bezeichnet jedoch eigentlich eine bloße Ideenlehre, wozu z. B. auch Demokratie gehört. Welche Ideen verkörpert die Positive Psychologie aus Sicht ihrer Kritiker? Utsch (2017) nennt „Zwangsbeglückung und Wohlfühlterror". Bezeichnend dabei ist, wie an sich positive Wörter mit sehr negativen kombiniert werden. Auch in diesem Punkt dient Seligman wieder als Zielscheibe, vor allem, da er Nietzsches Spruch „Was mich nicht umbringt, macht mich stärker" zitierte, der auch im Nationalsozialismus missbraucht wurde. Allerdings muss fast jede Idee mit ihrem Missbrauch rechnen. So gibt es im Internet pseudowissenschaftliche Publikationen unter dem Deckmantel Positiver Psychologie, die dazu aufrufen, Menschen im eigenen Umfeld zu manipulieren (Lakefield 2019). Bei genauer Recherche stellt sich heraus, dass es sich um das Phantom einer „Fake-Frau" handelt, die zwölf Bücher in einem halben Jahr produzierte. Die Gefahren einer Ideologisierung sind durchaus virulent, auch wenn manche Schlussfolgerung keineswegs zwangsläufig erscheint: „Die Positive Psychologie ist zuallererst eine Psychologie der Gesunden und Starken, der Mächtigen und Erfolgreichen, der Resilienten und Lebenstüchtigen" (Steinmeyer 2018, 119). Wenn überhaupt nur bedingt nachvollziehbar ist die These, dass es „Positive Psychologie in der DDR" gegeben habe – in Form einer „Programmierung" (Steinmeyer 2018, 10). Es entbehrt nicht gewissen

Absurditäten, Positive Psychologie mit totalitären Regimen zu vergleichen, die auf Widerspruch mit gewaltsamen Repressalien reagieren. Ein vom Autor angeführter Beleg, wonach Trauer neuerdings schon nach zwei Wochen in psychologischen Krankheitssystemen pathologisiert wird (DSM5), ist vielmehr ein klassisches Instrument der traditionellen Psychologie.

- *Individualisierung:* Sind die bisherigen Einwände zumindest ambivalent zu beurteilen, kann dem letzten Kritikpunkt grundsätzlich zugestimmt werden, welcher sich aus einer soziologischen und politologischen Perspektive ergibt: Der Positiven Psychologie sei es gelungen, die „Verantwortung vollständig auf den Einzelnen zu schieben" (Illouz 2019, 106), was letztlich eine „unbegrenzte Verantwortung des Individuums für sein Schicksal" sei (Steinmeyer 2018, 98). Diese Form der Individualisierung bzw. Psychologisierung ist in der Tat ein großes Problem, allerdings kein genuines Problem der Positiven Psychologie, sondern ein generelles Problem der Psychologie, quasi systemimmanent, da sie ihren Auftrag per definitionem eher in der Frosch- als in der Vogelperspektive sieht. Hier kann Positive Psychologie wieder von Humanistischer Psychologie lernen, welche basierend auf einem kritischen Gesellschaftsbewusstsein auch das Ziel verfolgte, Missstände beim Namen zu nennen, um sie zu verändern.

7. Visionen für potenzielle „Zukünfte"

Rekapitulieren wir den bisher zurückgelegten Weg: Ausgehend von der Frage nach der Geschichte, Gegenwart und Zukunft der Positiven Psychologie wurden „Vorfahren" in Religion und Philosophie entdeckt, Entwicklungen der modernen Psychologie von der Psychoanalyse über den Behaviorismus zur Humanistischen Psychologie verfolgt, Übergänge vom 20. ins 21. Jahrhundert nachgezeichnet und die ersten Jahrzehnte der Positiven Psychologie beschrieben, bevor eine Auseinandersetzung mit zahlreichen Kritiken stattfand, die gegenüber dem neuen psychologischen Paradigma bestehen. Wie geht es weiter? Einige Psychologie-Visionen zum 21. Jahrhundert (Sohr 2006):

- Von der Analyse zur Synthese
- Von der Ideologie zum Pluralismus
- Von der Krankheit zur Gesundheit
- Von der Nachsorge zur Vorsorge
- Von der Quantität zur Qualität
- Vom Spezialismus zum Generalismus
- Von der Theorie zur Praxis

Von den sieben Visionen, die zu Beginn des 21. Jahrhunderts für die Psychologie als Ganzes entworfen wurden, konnte die Mehrheit bisher weder von der traditionellen Psychologie noch von der Positiven Psychologie eingelöst werden. So herrscht immer noch stärker die Tendenz zur Spezialisierung gegenüber der Suche nach Synthesen vor. Nach wie vor existieren unterschiedliche Schulen und Ideologien, wozu teilweise auch die Positive Psychologie gezählt wird, wie im vorherigen Abschnitt ausgeführt wurde. Nach wie vor dominieren quantitative Verfahren in der Methodik, während qualitative Sichtweisen eher die Ausnahme sind. Und die Ausbildung konzentriert sich weiter vor allem auf das Spezialistentum und nicht auf ganzheitliche Persönlichkeitsentwicklung.

Trotz dieser ernüchternden Zwischenbilanz besteht auch Anlass zur Hoffnung, wobei gerade die Positive Psychologie dazu beiträgt. So setzt sich im 21. Jahrhundert immer mehr ein Perspektivwechsel von der Krankheit zur Gesundheit und von der Nachsorge zur Vorsorge durch. Hier verstärken sich die Disziplinen der Gesundheitspsychologie und der Positiven Psychologie, wobei Letztere über den Gegenstand der Gesundheit hinausgeht und innerhalb der Gesundheit stärker psychische als physische Faktoren beleuchtet, wie z. B. die Einflüsse von Achtsamkeit, Dankbarkeit, Hoffnung, Humor, Optimismus, Spiritualität oder Vergebung auf unser gesundheitliches Wohlbefinden.

Schließlich ist auch noch der letzte Punkt hervorzuheben, selbst wenn er eine gewisse Ambivalenz beinhaltet. Zwar konnte die Positive Psychologie in den letzten Jahren dazu beitragen, dass psychisches Know-how in die Praxis transferiert wurde, doch umgekehrt hat sich hierzulande die hohe Praxisrelevanz der Positiven Psychologie noch nicht im Sinne einer akademischen Institutionalisierung niedergeschlagen, wie z. B. in entsprechenden Studiengängen, die auch in Europa sonst stark vertreten sind. Hierbei wirkt möglicherweise auch eine typisch deutsche „Bedenkenträger-Mentalität" gegenüber positiven Haltungen bremsend, die sich auf vielen Ebenen zeigt. Im Bereich Hochschule gibt es z. B. Gutachter, die bei Top-Leistungen keine Würdigung abgeben, bei nicht so guten jedoch seitenlange Mängellisten übergeben. Im Feld Weiterbildung gab es an einer Berliner Volkshochschule keine Anmeldung für das Seminar „Positive Rhetorik", für das gleichzeitige Angebot „Schwarze Rhetorik" (samt Vermittlung von „Manipulationstechniken") dagegen eine lange Warteliste, die zu drei Kursen führte.

Ist das Positive etwa unerwünscht? Ähnliche Fragen ergeben sich bei der Betrachtung der fachinternen Entwicklung der Positiven Psychologie einerseits und der Kritiken an ihr andererseits. Erinnern wir uns an die Beobachtung von Wong, der einen Übergang von einer Positiven Psychologie 1.0 zu einer Positiven Psychologie 2.0 in den beiden ersten Dekaden des 21. Jahrhunderts konstatierte. Nach seiner Analyse war die erste Dekade durch eine tendenziell einseitige Fokussierung auf das Positive geprägt, was aufgrund der eher negativen Ausrichtung traditioneller Psychologie auch als Reaktion gedeutet werden konnte. Wong (2011) plädierte dafür, auch die negativen Aspekte der menschlichen Erfahrungen stärker zu integrieren, was zumindest teilweise gelang, wie die Beschäftigung mit Themen wie Resilienz und posttraumatischem Wachstum zeigt.

Wong zufolge führen positive Lebensbedingungen eher zu Themen wie Wohlbefinden und Glück, während negative Erfahrungen auch Fragen von Weisheit und Spiritualität befördern. Für eine potenzielle Positive Psychologie 3.0 stellt sich die Frage, ob solch bedeutsame Lebensziele vielleicht auch ohne negative Erfahrungen erreichbar sind. Zumindest scheint ein Perspektivwechsel von der Glücks- zur Sinnfrage zielführend, wobei positive Antworten letztlich zur Synthese von Glücks- und Sinnerleben führen.

Wie geht es mit der Positiven Psychologie weiter? In historisch relativ kurzer Zeit hat sie weltweit gesehen einen Paradigmenwechsel eingeleitet. In ihrer Kindheit der ersten Dekade des 21. Jahrhunderts konzentrierte sie sich vor allem auf die Sonnenseiten des menschlichen Erlebens und Verhaltens. Im Jugendalter der 10er-Jahre erweiterte sie ihren Horizont inhaltlich durch eine stärkere Integration menschlicher Schattenseiten und methodisch durch eine verstärkte empirische Forschung. In welche Richtung wird sie sich in ihrem Erwachsenenalter in den 20er-Jahren und unsere Gesellschaft insgesamt im 21. Jahrhundert entwickeln? Nimmt die Ökonomisierung des Gesundheitswesens immer mehr zu und bleibt der Mensch dabei auf der Strecke? Gibt es Gegenbewegungen zur zunehmenden Dehumanisierung, eine Besinnung auf die Potenziale jedes Individuums, bei gleichzeitiger Übernahme von gesellschaftlichen und globalen Verantwortungen? Abschließend sieben Visionen potenzieller Zukünfte aus Sicht Positiver Psychologie.

Vision 1: Synthese von Jung und Alt

Die erste Vision bezieht sich auf das Verhältnis der Generationen. Aufgrund der hohen Veränderungsgeschwindigkeit der Moderne, speziell durch technische Entwicklungen der Digitalisierung, liegen die Erfahrungswelten junger und alter Menschen zunehmend weiter auseinander. Hier gilt es, nach neuen Formen gemeinsamer Kommunikation zu suchen, um ein gegenseitiges Verständnis zu fördern. Als ein Vorbereiter der Positiven Psychologie kann in dem Sinne auch Paul Baltes angesehen werden, der dazu beitrug, eine positivere Perspektive auf das Alter als einen Lebensabschnitt zu entwickeln, in dem auch noch Weiterentwicklungen möglich sind,

z. B. in Richtung Weisheit. Baltes sah eine lebenslange Entwicklungsperspektive (Baltes 1990), die nicht mit der Jugend endet. So lässt sich die Radikalität der Jugend mit der Weisheit des Alters verbinden.

Vision 2: Synthese von Arm und Reich

Zu den „Mega-Trends", welche die moderne Zukunftsforschung schon vor 20 Jahren voraussagte und die in einem noch stärkeren Maße als prognostiziert eingetreten sind, gehören rasant wachsende soziale Ungleichheiten: Die Reichen werden immer reicher, die Armen immer ärmer (Kreibich & Sohr 2002). Dieser Befund gilt sowohl weltweit als auch für unsere Gesellschaft. Psychologie als die Wissenschaft vom menschlichen Erleben und Verhalten ist herausgefordert, darauf zu reagieren. Hier hat insbesondere eine Positive Psychologie einen großen Nachholbedarf. Ihr wird von Seiten ihrer Kritiker eine neoliberale Ideologie vorgeworfen und es wird behauptet, ihr Ziel sei es, politisch konservativ den Erhalt des Status quo zu zementieren. Hier bieten sich neue Forschungsdomänen zur Reflexion der tendenziell positiven Auswirkungen von Altruismus, Güte und Großzügigkeit an.

Vision 3: Synthese von Mann und Frau

Eine weitere Prognose der Zukunftsforschung, die tendenziell eingetroffen ist, bezieht sich auf das Verhältnis der Geschlechter: Vorausgesagt wurde einerseits, dass sich die Spannungen zwischen Frauen und Männern verschärfen und Bindungen immer mehr auflösen, was sich angesichts zunehmender Konflikte und Scheidungsraten offenbart. Noch kritischer wurde die Rolle von Kindern aus der Sicht des Jahres 2000 für 2020 prognostiziert – sie würden in Deutschland immer weniger, einsamer und gestresster, ferner immer mehr durch die Medien manipuliert und Abenteuer oft nur noch online erleben. Zunehmend würden sie auch nicht mehr auf natürlichem Wege gezeugt und immer weniger Zeit mit ihren Eltern verbringen, wozu auch Entwicklungen moderner und flexibler Arbeitsmärkte beitragen würden. Zusammenfassend werden wir als Positive Psychologen dafür sensibilisiert, wie wichtig die Förderung von Bindungen und Beziehungen in Zeiten zunehmender sozialer Distanzen ist (Kreibich & Sohr 2002).

Vision 4: Synthese von Wissenschaft und Praxis

Als Steuerzahler hoffen wir darauf, dass unser Geld in gute Bildungsmöglichkeiten sowie in bezahlbare Ausbildungs- und Weiterbildungsmöglichkeiten investiert wird. Den Wissenschaften im Elfenbeinturm und namentlich der traditionellen Psychologie wird von namhaften Vertretern ihres eigenen Faches vorgeworfen, zu sehr „im eigenen Saft zu schmoren", statt Forschung zu produzieren, „die auch dem Steuerzahler für die Zukunft nützt" (Frey 2001, 123). Die Positive Psychologie ist anwendungsorientierter, sie hat international eine Menge von wertvollem Wissen produziert, das zumindest in Ausbildungsinstituten hierzulande auch weitergegeben wird. So ist es höchste Zeit, dass sich auch Hochschulen in Deutschland an diesem Wissenstransfer beteiligen.

Vision 5: Synthese von Individuum und Gesellschaft

Wie bereits ausgeführt, besteht ein Grundproblem der Psychologie darin, dass sie das Individuum nicht als gesellschaftliches Wesen wahrnimmt, wie Frey kritisch feststellt, der eine Psychologie fordert, die die Entwicklung einer verantwortungsbewussteren und humaneren Gesellschaft fördert, in der auch „Psychologinnen und Psychologen zu gesellschaftlichen Entwürfen der Zukunft beitragen" (Frey 2002, 121). Hier macht die Positive Psychologie bisher leider keine Ausnahme. Sie könnte sich weiterentwickeln, wenn sie nach einer „PP 1.0", in der sie sich auf die positiven Seiten des Individuums konzentrierte, und einer „PP 2.0", in der sie auch negative Erfahrungen von Menschen integrierte, in einer „PP 3.0" künftig mehr gesellschaftliche Verantwortung artikuliert.

Vision 6: Synthese von Mensch und Natur

Auf der Agenda der gesellschaftlichen Herausforderungen ganz oben steht das Thema der Entfremdung des Menschen von seiner inneren und äußeren Natur, deren Teil er ist. Für die moderne wissenschaftliche Zukunftsforschung ist die drohende bzw. in vollem Gange befindliche Klimakatastrophe die allergrößte Herausforderung der Menschheit. Es ist auch politisch kein Geheimnis, dass unsere Zeit für den zwingend notwendigen radikalen Wandel abläuft, um das Überleben unserer Kinder und Kindeskinder noch retten zu können. In einer solchen historisch einzigartigen Situation sollte sich auch die Positive Psychologie ihrer Verantwortung nicht entziehen, sondern nach Wegen suchen, um auch künftigen Generationen noch ein lebenswertes Leben zu vererben. Voraussetzung dafür ist ein Ernstfallbewusstsein, welches die Probleme wahrnimmt und sie nicht schönredet, was bei einem reflexartigen Aufsetzen einer rosaroten Brille nicht unwahrscheinlich ist. Positive Psychologie heißt auch hier handeln statt zusehen, um nicht nur ein Teil des Problems zu bleiben, sondern ein Teil der Lösung zu werden, z. B. durch die Hinterfragung herrschender und die Entwicklung alternativer Lebensstile, bei denen Wohlbefinden ohne die Zerstörung unserer Lebensbedingungen wachsen kann.

Vision 7: Synthese von Vergangenheit und Zukunft

Zu den großen Aufgaben der Positiven Psychologie gehört schließlich auch, Brücken zwischen den drei Zeitdimensionen zu bauen. Um zukunftsfähig zu sein, müssen wir nicht nur Entwicklungen antizipieren, sondern uns mit der Vergangenheit versöhnen. Übersetzt bedeutet das mindestens dreierlei: Zum einen geht es darum, die bisherige Leistung traditioneller Psychologie respektvoll anzuerkennen, auf denen die Positive Psychologie aufbauen kann. Zum anderen geht es auch um die Bewusstwerdung und Würdigung der Wurzeln unseres Gegenstandes, der Seele mit ihren philosophischen und religiösen Essenzen, die wesentlich älter als die Wissenschaft Psychologie sind und von denen wir immer noch zehren, wie z. B. antike Persönlichkeitstheorien, die auch ohne Statistik und Computer bereits vor über 2000 Jahren entwickelt wurden.

Am schwierigsten ist sicher die Auseinandersetzung mit der eigenen Vergangenheit. Wie die Konfrontation mit den Kritikern gezeigt hat, drehen sich viele Diskussionen um den Begründer der modernen Positiven Psychologie, der durch Worte und Werke tatsächlich viele Angriffsflächen bietet. Seligman erweckt nicht den Eindruck, als ob Fragen von Ethik und Moral im Zentrum seiner Aufmerksamkeit stehen. Hier zeigt er sich eher so pragmatisch wie viele seiner Kollegen der traditionellen Psychologie, wie auch exemplarisch die Tierversuche mit Hunden belegen, denen er Stromschläge zur Entwicklung erlernter Hilflosigkeit verpasste. Positive Psychologen sollten fähig sein, die Verdienste von Seligman zu würdigen und sich zugleich von ihm zu emanzipieren.

So scheint ein „Anflug von Demut" ein guter Ratgeber für die Zukunft zu sein – „sie erdet die PP-Gemeinde und schützt sie vor der Gefahr zu denken, sie allein habe den Zugang zum Glück gefunden, der nun alle anderen Zugänge ablöse" (Rachow 2016).

Passend dazu erscheint die kritische Reflexion einer Vision, die Seligman anlässlich seiner bilanzierenden Keynote „Mein Fazit als Forscher" auf der Weltkonferenz zur Positiven Psychologie in Montreal 2017 aussprach: „Wie würde eine Religion ohne das Konzept des Leidens und der Sünde aussehen?" Auch wenn uns das nicht gefällt: Leiden gehört zum Leben und ein Sein ohne Sünde scheint Menschen zu überfordern. Auch hier wäre Respekt vor der Weisheit von Religion und Philosophie hilfreich, um auf der langen Reise von der Tiefen- zu einer „Höhenpsychologie" (nach Frankl 1977) zu kommen, von der bereits Maslow auf dem Weg der Transzendenz träumte.

Summa summarum können wir dankbar für den faszinierenden Reichtum im Garten des Glücks sein, in den uns Positive Psychologie – als Wissenschaft vom positiven Erleben und konstruktiven Verhalten des Menschen – einlädt, um uns mit Schlüsselfragen des Lebens auseinanderzusetzen und uns an den vielen schönen Blumen zu erfreuen, zu denen auch das Unkraut gehört. Wenn uns das gelingt, werden wir die eigentliche Bedeutung von „positiv" als Präsenz erleben, und die Positive Psychologie als etwas, das die Psychologie „in ihrem Kern schon immer war – eine attraktive Wissenschaft vom Leben" (Sohr 2006, 215).

I. Übungen zur Gesundheit

„Da es sehr förderlich für die Gesundheit ist,
habe ich beschlossen, glücklich zu sein."

Voltaire

Mit diesem einfachen Credo outete sich Voltaire, der französische Philosoph der Aufklärung (1694–1778), als einer der ersten Gesundheitspsychologen, bevor diese junge Disziplin der Psychologie gegen Ende des 20. Jahrhunderts entstehen konnte.

Gesundheit hängt demnach nicht nur von äußeren Umständen, sondern maßgeblich auch von unseren inneren Haltungen ab. Die Weltgesundheitsorganisation WHO hat die Vielschichtigkeit von Gesundheit in ihrer mittlerweile recht bekannten Definition zum Ausdruck gebracht, dass Gesundheit nicht nur die Abwesenheit von Krankheit, sondern letztlich ein Wohlbefinden von Körper, Geist und Seele ist – eine Einsicht, welche schon die Menschen in der Antike teilten.

Trotz dieser Erkenntnisse investieren wir immer noch einen Großteil des Aufwandes in körperliche Maßnahmen, wie sowohl die immensen Kosten des Gesundheitssystems offenbaren als auch z. B. die expandierende Nachfrage nach Fitness-Centern, die sich vor allem auf das Stählen des Körpers zur eigenen Selbstoptimierung konzentrieren. Zur Illustration: Die Gesundheitsausgaben in Deutschland umfassen inzwischen etwa 400 Milliarden Euro. Über zehn Millionen Deutsche sind Mitglied in Fitness-Centern.

Doch wozu der ganze Stress? Auch zu dieser Frage bietet Voltaire Nachdenkliches:

> „In der ersten Hälfte unseres Lebens opfern wir unsere Gesundheit, um Geld zu erwerben, in der zweiten opfern wir unser Geld, um die Gesundheit wiederzuerlangen. Und während dieser Zeit gehen Gesundheit und Leben von dannen."

Mit den Übungen im ersten Viertel unseres Buches möchten wir dazu beitragen, Gesundheit ganzheitlich und nachhaltig zu fördern, ohne dafür Geld ausgeben zu müssen. Um dieses Ziel zu erreichen, brauchen wir ein Bewusstsein dafür, was

Gesundheit alles umfasst. Auch hier kann die WHO eine wertvolle Orientierung bieten, indem sie uns sechs Dimensionen von Gesundheit spiegelt:
- Die *physische* Dimension betrifft traditionell den Körper, also nicht krank zu sein.
- Die *psychische* Dimension konzentriert sich auf ein positives Selbstwertgefühl.
- Die *emotionale* Dimension thematisiert Gefühlshaushalte und Beziehungsleben.
- Die *soziale* Dimension meint soziale Unterstützung durch Familie und Freunde.
- Die *sexuelle* Dimension fokussiert die Kunst, Sexualität befriedigend zu leben.
- Die *spirituelle* Dimension beschäftigt sich mit der Erkenntnis und Fähigkeit, moralische und religiöse Überzeugungen in die Praxis umsetzen zu können.

Im weiteren Verlauf des Buches werden wir auf alle Dimensionen zurückkommen.

Der besondere Beitrag der Positiven Psychologie besteht darin, dass sie über die klassischen Themen der Gesundheitspsychologie hinausgeht, bei der wie in der Schulmedizin nach wie vor das körperliche Wohlbefinden im Mittelpunkt steht. Beispielsweise spricht die Gesundheitspsychologie von den sog. „dirty four", mit deren Bekämpfung schon sehr viel gewonnen wäre: Alkohol- und Tabakkonsum, falsche Ernährung und zu wenig Bewegung.

Ein Blick auf unsere reichen Themenlandschaften im Übungsfeld der Gesundheit zeigt, dass wir zwar auch Übungen in dem Spektrum von Ernährung und Sport im Angebot haben, jedoch noch ein Vielfaches mehr, um Körper, Geist und Seele als Einheit zu betrachten. Zu den besonders gut belegten „Schlüsseln" zur Gesundheit gehören nach den Studien der Positiven Psychologie die Achtsamkeit, Dankbarkeit, Gelassenheit, Resilienz und Vergebung, aber auch der Optimismus und der Humor. Ferner gibt es auch viele eher unscheinbare Themen mit einer großen Wirkung wie Muße, Musik, Natur, Schlaf, Stille, Träume und Trauer.

Bei der Konzeption der Übungen waren uns Ausgewogenheit und Abwechslung wichtig, welche sowohl aktivierende als auch reflektierende Angebote umfassen:

Zu eher auch körperlich aktivierenden Übungen im Feld Gesundheit zählen zum Beispiel ein achtsamer Spaziergang, ein intuitiver Ausflug oder Fotos ohne Kamera.

Stark reflektierende Übungen sind zum Beispiel glückliche Momente, heilsame Hilfe oder Selbstvergebung.

Schließlich gibt es auch Übungen zwischen diesen Polen, welche beide Elemente verbinden, wie zum Beispiel das Dankbarkeits- und Ernährungstagebuch, die Atem-Meditation oder der Präventionsplan.

Wer sich die Zeit nimmt, um alle 30 Übungen in einem Jahr oder vielleicht sogar in einem Monat zu praktizieren, wird mit einer sehr hohen Wahrscheinlichkeit einen signifikanten Beitrag für seine Gesundheit leisten, der weder mit Geld bezahlbar ist noch durch einen Arztbesuch ersetzt werden kann.

Denn ein Geheimnis des Erfolges besteht neben der Sensibilisierung für die diversen Dimensionen der Gesundheit samt den Möglichkeiten, sie positiv zu beeinflussen, in der Freude, die sich beim Praktizieren der abwechslungsreichen Übungen einstellt. So ist die Weisheit von Voltaire mit einem Lächeln zu verstehen.

1. Achtsamkeit

Achtsamkeit wird nach ihrem Wegbereiter Jon Kabat-Zinn als besondere Form der Aufmerksamkeit verstanden, die sich absichtsvoll auf den gegenwärtigen Moment bezieht, ohne dabei wertend zu sein. Während sich Konzentration meistens auf ein bestimmtes Objekt fokussiert, ist Achtsamkeit offen gegenüber der Wahrnehmung.

Seit den 1970er-Jahren gibt es viele wissenschaftliche Studien, welche die Wirksamkeit der achtsamkeitsbasierten Stressreduktion belegen. Heute wird das Prinzip der Achtsamkeit auch in der Prävention genutzt, was in Zeiten der Reizüberflutung hilfreich sein kann.

In der Positiven Psychologie ist Achtsamkeit ein wachsendes Forschungsthema – als Schlüssel für ein bewusstes Leben. So konnte z. B. Csikszentmihalyi positive Zusammenhänge zwischen Achtsamkeit, Flow-Erleben und Leistungsfähigkeit nachweisen.

> **ÜBUNG**
>
> **Ein Spaziergang**
>
> Das bewusste Wahrnehmen des gegenwärtigen Moments kann in jeder Lebenssituation geübt werden, z. B. bei einem achtsamen Spaziergang. Nimm einige tiefe Atemzüge, während du losgehst, und spüre in deine Füße hinein.
>
> Wie berühren sie den Boden? Auf welchem Untergrund laufen sie? Wie fühlt sich die Bewegung deiner Beine an?
>
> Dann richte deine Aufmerksamkeit auf die Umgebung. Was hörst du? Was siehst du? Welche Gerüche steigen dir in die Nase? Versuche, deine Umgebung mit allen Sinnen zu erfassen.
>
> Bei solch einem achtsamen Spaziergang wirst du wahrscheinlich viele Dinge in deiner Umgebung wahrnehmen, die dir sonst niemals aufgefallen wären. Aber auch deinen eigenen Körper kannst du durch einen achtsamen Spaziergang besser spüren und gleichzeitig eine tiefe Entspannung erfahren.

> *Die Vergangenheit ist nicht mehr da.*
> *Die Zukunft ist noch nicht da. Es gibt nur den Moment.*
>
> *Thich Nhat Hanh*

Praxis: Wann und wo hast du deinen achtsamen Spaziergang gemacht?
Was hast du erlebt und empfunden?

2. Coaching

Coaching bezeichnet die Kommunikation zwischen einem Coach und einem Coachee. Das Wort „Coach", erstmalig 1556 in England dokumentiert, bedeutet ursprünglich Kutscher.

Seit einigen Jahrzehnten wirken Coaches zunächst als Business-Coach für Führungskräfte in einer professionellen Beratungsbeziehung im Management. Dabei geht es um gezielte Fragen und Feedback als Hilfe zur Selbsthilfe auf der Grundlage von Vertrauen, Empathie und Wertschätzung.

In den letzten Jahren hat sich Coaching über berufliche Fragen hinaus in Richtung Life-Coaching erweitert, bei dem es stets um das ganze Leben geht, u. a. auch um die Work-Life-Balance.

Einerseits gibt es inzwischen viele Studien zur Wirksamkeit von Coaching, andererseits auch viel Kritik angesichts eines ungeschützten Coach-Begriffes. Zum Erfolg von Coaching trägt auch die Tatsache bei, dass Coaching von seiner Grundidee auf Augenhöhe stattfindet und kein hierarchisches Verhältnis wie in einer Therapie im Sinne von Arzt-Patient herrscht. Mit dieser Grundhaltung bietet Coaching reichhaltige Chancen zur Entfaltung im Geiste der Positiven Psychologie.

> **ÜBUNG**
>
> **Selbst-Coaching**
>
> Wir alle können in unserem Leben als Coach fungieren und damit andere Menschen unterstützen. Um ein guter, authentischer und empathischer Coach zu sein, kannst du deine Coaching-Fähigkeiten mit dem Menschen üben, den du am besten kennst: dir selbst. Beginne, indem du dir folgende Fragen stellst und dir selbst empathisch bei der Antwort zuhörst:
> - Wie geht es dir in diesem Moment?
> - Welche Herausforderungen und Probleme bewegen dich gerade?
> - Hast du Ziele oder Träume, die du erreichen oder verwirklichen möchtest?
> - Welche konkreten Schritte kannst du in den nächsten Tagen für die Erfüllung deines Ziels / Traums tun?
>
> Schnapp dir am besten ein Notizbuch und schreibe alle Antworten deines „Gegenübers" ohne Bewertung auf.

Coach dich selbst, sonst coacht dich keiner.

Talane Miedaner

Praxis: Wie hat es sich angefühlt, offen und ehrlich mit dir selbst zu sprechen? Welche Erkenntnisse konntest du daraus gewinnen?

3. Dankbarkeit

Dankbarkeit ist ein weiteres, sehr gut erforschtes Mitglied in der Familie der Positiven Psychologie. Dankbarkeit ist ein positives Gefühl, das auf andere und uns zugleich wirkt.

Dankbarkeit wird als eine positive Emotion (Fredrickson) und als Charakterstärke (Peterson und Seligman) erforscht. Empirische Studien zeigen, dass dankbare Menschen weniger materialistisch eingestellt sind und mehr Glück empfinden. Darüber hinaus sind dankbare Menschen weniger depressiv und leiden weniger unter Stress.

Dankbarkeit hat sehr starke Auswirkungen auf die psychische Gesundheit, auch im Vergleich zu anderen therapeutischen Interventionen. Dankbarkeit wirkt sowohl kurzfristig (z. B. zahlen Stammgäste im Restaurant mehr Trinkgeld, wenn der Kellner „Danke" auf die Rechnung schreibt) als auch langfristig (z. B. in der Erziehung von Kindern).

Dankbare Menschen wertschätzen das Positive auf der Welt und betrachten das Leben als Geschenk.

ÜBUNG

Dankbarkeitstagebuch

Dankbarkeit lässt sich jeden Tag praktizieren und hat einen großen Einfluss auf unsere Lebensqualität. Eine Möglichkeit dazu bietet das sogenannte Dankbarkeitstagebuch.

Übe dich in Dankbarkeit, indem du jeden Tag etwas in ein Notizbuch schreibst, für das du dankbar bist. Einerseits können dies große, bedeutsame Ereignisse sein, die dir während des Tages widerfahren sind (z. B. ein schönes Treffen mit einem Freund). Andererseits ist es genauso gut, kleine alltägliche Dinge aufzuschreiben, die schnell für selbstverständlich genommen werden (z. B. ein warmes Bett oder eine Tasse Tee).

Ein Dankbarkeitstagebuch kann uns die Augen für die Fülle unseres Lebens öffnen, uns Momente der Zufriedenheit bescheren und auch dafür sorgen, zukünftig mehr auf das zu achten, wofür wir dankbar sein können. Also, worauf wartest du noch? Lass Dankbarkeit zum Grundstein deines Lebens werden.

> *Nicht die Glücklichen sind dankbar,*
> *es sind die Dankbaren, die glücklich sind."*
>
> *Francis Bacon*

Praxis: Wofür bist du heute dankbar?
Wie fühlt es sich an, diese Dinge aufzuschreiben?

4. Entspannung

Entspannung meint den Prozess und das Produkt des Abbaus von physischen oder psychischen Spannungen, quasi als Gegenstück zur Anspannung.

So gibt es immer mehr Methoden, Techniken und Verfahren mit dem Ziel, Entspannung zu fördern. Die Entspannungsreaktionen äußern sich auf neuronaler Ebene in einer Aktivierung des parasympathischen Nervensystems. Dadurch werden der Muskeltonus und die Reflextätigkeit vermindert, die Herzfrequenz verlangsamt, der Sauerstoffverbrauch reduziert und der Blutdruck gesenkt. Auf psychologischer Ebene werden Gelassenheit, Zufriedenheit und Wohlbefinden erlebt.

Nachhaltige Effekte der Entspannungsverfahren im Sinne eines erfolgreichen Stressmanagements werden meist nach drei bis vier Wochen im Alltag spürbar. Sie werden teilweise auch in der Psychotherapie und Prävention eingesetzt, können jedoch grundsätzlich auch ohne externe Anleitung angewandt werden.

> **ÜBUNG**
>
> **Entspannter Monat**
>
> Wenn es um das Üben von Entspannung geht, wird zwischen aktiven und passiven Entspannungstechniken unterschieden. Passive Techniken beschreiben alles, was einen Menschen im Alltag entspannt (lesen, spazieren gehen, Freunde treffen usw.).
>
> Aktive Entspannungstechniken sind gezielte Übungen, die das Nervensystem im Moment der Übung, aber auch darüber hinaus auf eine schnelle Entspannungsreaktion trainieren. Dazu zählen unter anderem Yoga, Meditation oder die Progressive Muskelentspannung.
>
> Um regelmäßig Entspannung im Alltag zu erfahren, ist es wichtig, dass du bewusst beide Arten der Techniken einbaust. Beginne damit, dir klar zu werden, was dich allgemein entspannt, und erstelle eine Liste mit den verschiedenen Aktivitäten. Suche dir anschließend eine aktive Entspannungstechnik (z. B. die „Atemmeditation", Übung 12) und einen Monat aus, in welchem du jeden Tag mindestens zehn Minuten die Übung durchführst.
>
> Du wirst merken, wie dein Stresslevel zurückgeht.

*„Entspannung ist die eine Lösung deiner Probleme.
Über die andere denkst du morgen nach."*

unbekannt

Praxis: In welchem Monat hast du welche Entspannungstechnik geübt?
Wie hast du dich davor und danach gefühlt?

5. Ernährung

Ernährung umfasst das Zuführen von organischen oder anorganischen Stoffen, die durch die Nahrung in fester oder flüssiger Form geschieht. Durch die Aufnahme dieser Stoffe wird die Körpersubstanz aufgebaut bzw. erneuert und der notwendige Energiebedarf gedeckt. Die Ernährung dient damit dem Aufbau der Lebensfunktionen.

Entspricht die Menge oder die Zusammensetzung der Ernährung nicht den Anforderungen des menschlichen Organismus, spricht man von einer Fehlernährung. In Entwicklungsländern besteht die Fehlernährung oft in einer Unterernährung, während sie in den Industrieländern meistens als Überernährung auftritt.

Im Zuge der Zunahme von Zivilisationskrankheiten durch Fehlernährung gewinnen alternative Ernährungsstile wie der Vegetarismus, Veganismus und bestimmte Diäten immer mehr an Bedeutung.

Gerade wegen der Vielfalt an Möglichkeiten und Trends ist es wichtig, ein Bewusstsein für den eigenen Körper zu entwickeln und genau zu spüren, welche Ernährungsweise wirklich ein Wohlbefinden auslöst. Dafür soll die folgende Übung dienen.

> **ÜBUNG**
>
> **Ernährungstagebuch**
>
> Wer seine Ernährung in eine gesündere Richtung ändern möchte, sollte sich im ersten Schritt darüber bewusst werden, was er täglich alles zu sich nimmt. Hierfür kann ein Ernährungstagebuch hilfreich sein.
>
> Schreibe eine Woche lang auf, was du während des Tages gegessen und getrunken hast. Es geht nicht um genaue Maßeinheiten, sondern um einen groben Überblick (z. B. morgens: zwei Brötchen mit Marmelade und Butter). Wichtig ist, dass nicht nur die Hauptmahlzeiten, sondern auch Snacks und Getränke notiert werden.
>
> Neben den Mahlzeiten kannst du zusätzlich in einem Satz festhalten, wie du dich nach dem Essen gefühlt hast.
>
> Durch die Übung wirst du einerseits bewusster wahrnehmen, welche Lebensmittel und Getränke du deinem Körper täglich zuführst. Andererseits kannst du ein besseres Gefühl dafür entwickeln, welche Lebensmittel dir gut tun und welche du lieber von deinem Speiseplan streichen solltest.
>
> Und was ist deine persönliche Lieblingsspeise?

*„Eure Nahrungsmittel sollen eure Heilmittel sein.
Eure Heilmittel sollen eure Nahrungsmittel sein."*

Hippokrates

Praxis: Was konntest du bei der Führung deines Ernährungstagebuchs lernen? Welche Lebensmittel tun dir besonders gut und welche nicht?

6. Gelassenheit

Gelassenheit wird meist als innere Ruhe oder Einstellung verstanden – als Fähigkeit, auch in schwierigen Situationen die Fassung zu bewahren.

In der Antike war Gelassenheit eine grundlegende Tugend. Sie zählte, in Form von Besonnenheit, gemeinsam mit Weisheit, Gerechtigkeit und Mut zu den vier Kardinal-Tugenden. Die Stoiker als Erfinder der „stoischen Ruhe" widmeten sich besonders der Gelassenheit. Sie verstanden darunter einen vernunftgeleiteten Umgang mit Affekten und sahen sie als Ideal einer stoischen Lebensführung.

Heute wird Gelassenheit als eine emotionale Dimension von Besonnenheit mit ihrer eher rationalen Betrachtungsweise unterschieden.

Psychologisch gilt Gelassenheit als Gegenpol von Stress. Im Gegensatz zu physiologischen Reaktionen, die oft automatisch ablaufen, sind psychologische Reaktionen von Bewertungen und Interpretationen abhängig.

Studien der Säuglingsforschung zeigen, dass Gelassenheit und Urvertrauen von frühkindlichen Erfahrungen beeinflusst und angelegt werden.

> **ÜBUNG**
>
> **Gelassen reagieren**
>
> „Atme erstmal tief durch ..." – diesen Spruch haben wir wahrscheinlich alle schon einmal gehört. Doch setzen wir diesen gut gemeinten Ratschlag auch um?
>
> Ein paar tiefe, bewusste Atemzüge sind schnell (auf eine langsame Art) getan und die Auswirkung auf unsere Gelassenheit kann enorm sein. Durch einen tiefen Atemzug signalisieren wir unserem Nervensystem, dass es sich beruhigen kann, der Körper fährt die Stressreaktion herunter und der Geist kann klarer denken. So entsteht innerhalb von Sekunden eine ruhige und gelassene Sichtweise auf das Leben.
>
> Übe dich in Gelassenheit, indem du in einer stressigen Situationen drei bis vier tiefe, bewusste Atemzüge nimmst, bevor du auf dein Umfeld reagierst. So gehst du gelassener durch deinen Alltag.

*„Gott gebe mir die Gelassenheit, Dinge hinzunehmen, die ich nicht ändern kann;
den Mut, Dinge zu ändern, die ich ändern kann; und die Weisheit,
das eine vom anderen zu unterscheiden."*

Reinhold Niebuhr

Praxis: Wann und wo konntest du die bewussten Atemzüge nutzen, um gelassener zu reagieren?

7. Gesundheit

Gesundheit hat als medizinische Diagnose sowohl eine objektive als auch eine subjektive Seite, die abhängig vom individuellen Erleben ist.

Am bekanntesten ist die Definition der Weltgesundheitsorganisation, die Gesundheit als Zustand des völligen körperlichen, geistigen und sozialen Wohlbefindens und nicht nur als Abwesenheit von Krankheit auffasst. Über die genannten drei Dimensionen hinaus werden auch eine seelische, sexuelle und spirituelle Gesundheit postuliert.

Ähnlich wie die Gesundheitspsychologie beschäftigt sich auch die Positive Psychologie mit der Suche nach Faktoren, welche die Gesundheit fördern, jedoch weniger mit den physischen als mit psychischen Phänomenen.

> **ÜBUNG**
>
> ### Ein gesundes Ziel
>
> Informationen, wie sich die körperliche und psychische Gesundheit verbessern lassen, erhält man heute an jeder Ecke. „Genügend Schlaf", „gesundes Essen", „Verzicht auf Alkohol oder andere Genussmittel", „Sport treiben", „Zeit in der Natur verbringen" und „soziale Kontakte pflegen" sind nur einige Beispiele.
>
> Doch was davon setzt du wirklich um?
>
> Setze dir für diese Übung ein Ziel für ein gesundheitsförderndes Verhalten, das du in deinen Lebensstil integrieren möchtest und verwende bei der Zielsetzung die SMART-Methode.
>
> Dies bedeutet konkret: Das Ziel soll spezifisch (so genau wie möglich) formuliert werden, für dich attraktiv und messbar (z. B. „5 Kilo abnehmen" anstatt nur „abnehmen") sein. Prüfe zusätzlich, ob das gesetzte Ziel wirklich realistisch ist und setze einen konkreten Termin, bis wann du es erreicht hast (z. B. bis zu deinem nächsten Geburtstag).
>
> Gerade, wenn es um das Gesundheitsverhalten geht, führen unklar formulierte Ziele wie „mehr Sport treiben" dazu, dass man am Ende doch auf der Couch sitzen bleibt. Hast du dein großes Ziel formuliert, überlege dir kleine, konkrete Teilschritte, die erreicht werden müssen, um deinem Ziel näher zu kommen.
>
> Du wirst feststellen, dass ein klarer Weg schon die halbe Miete für einen neuen, gesunden Lebensstil ausmacht.

*„Gesundheit ist nicht alles,
aber ohne Gesundheit ist alles nichts."*

Arthur Schopenhauer

Praxis: Welches ist dein konkretes Ziel für ein gesünderes Leben?

8. Glück

Glück bedeutete ursprünglich den guten Ausgang eines Ereignisses, wird heutzutage allerdings unterschieden in „Glück haben" und „glücklich sein". Im Gegensatz zu Freud, demzufolge Glück im Schöpfungsplan nicht vorgesehen ist, spielt Glück in der Positiven Psychologie eine zentrale Rolle. Dabei wird zwischen Wohlfühlglück und Werteglück unterschieden.

Letzteres geht über das Erleben positiver Emotionen hinaus und schließt persönliche Erfüllung und Zufriedenheit ein, was auch zu einem nachhaltigen Wohlbefinden führen kann.

In der Forschung ist die Suche nach Glücksquellen beliebt. In einer großen Befragung des *Time Magazine* nannten die meisten Personen Kinder, Enkel und Familie als größte Glücksquelle, gefolgt von Religion und Partnerschaft.

Kahnemann befragte in einer Studie über 900 Frauen nach ihrer glücklichsten Aktivität des Vortages. An erster Stelle wurde Sex genannt.

Eine weltweite Studie der London School of Economics fand heraus, dass die glücklichsten Menschen nicht in den reichen Industrienationen leben. Gemäß dem Wohlstandsparadox macht wachsender Materialismus die Menschen eher unglücklich.

ÜBUNG

Glücksmomente

Jeden Tag erleben wir viele kleine glückliche Momente, doch im Stress des Alltags nehmen wir sie häufig gar nicht wahr. Um dich im „Glücklichsein" zu üben, laden wir dich ein, ein Glückstagebuch anzulegen, um deine Glücksmomente festzuhalten.

Durch das Aufschreiben der Momente, die dich glücklich gemacht haben (z. B. am Ende jeden Tages), rufst du die Momente bewusst in deinen Geist und erlebst sie dadurch noch ein zweites Mal.

Nach einigen Wochen kannst du deine Listen noch einmal durchgehen und deine Glücksmomente auf Wiederholungen hin untersuchen. Welches sind beständige Glücksquellen in deinem Leben (z. B. Zeit mit der Familie)? Kannst du sie öfter in deinen Alltag einbauen?

„Viele Menschen versäumen das kleine Glück, weil sie auf das große vergeblich warten."

Pearl S. Buck

Praxis: Welche Momente haben dich heute besonders glücklich gemacht?

9. Hoffnung

Unter Hoffnung wird eine Erwartung an die Zukunft verstanden, die in der Regel positiv ist.

In der Psychologie gibt es zwei grundlegende Hoffnungstheorien: Snyder betont die kognitive Seite der Hoffnung, indem er sie mit einer Reise vergleicht, die aus den Komponenten „Ziel", „Landkarte" und „Fortbewegungsmittel" besteht. Nach dieser Theorie fokussieren hoffnungsvolle Menschen stärker ihr Ziel, was zu mehr Erfolg führt.

Alternativ gibt es Ansätze, welche Hoffnung als Emotion bzw. mentale Einstellung jenseits der eigenen Möglichkeiten beschreiben.

Unabhängig von diesen Fokussierungen gibt es Zusammenhänge zwischen Hoffnung und psychischem Wohlbefinden. Die Positive Psychologie kennt Hoffnung sowohl als eine positive Emotion als auch als eine Charakterstärke.

> **ÜBUNG**
>
> **Hoffnungen beleben**
>
> Gerade in schwierigen Situationen bleibt uns häufig nur die Hoffnung darauf, dass sich eines Tages etwas bessern wird. Hoffnung gibt uns Kraft und Motivation.
>
> Rufe dir für diese Übung zuerst ins Gedächtnis, welche großen Hoffnungen du in deinem bisherigen Leben hattest.
> 1. Welche Hoffnungen haben sich erfüllt?
> 2. Welche Hoffnungen hast du aufgegeben?
> 3. Gibt es Hoffnungen in dir, die noch lebendig sind?
>
> Wähle zur Beantwortung der dritten Frage einen bestimmten Bereich in deinem Leben, in dem du einen Veränderungsbedarf verspürst. Nimm dir einen Stift und Papier und stell dir vor, dass alle Hoffnungen, Wünsche und Träume, die du auf dieses „magische Blatt" schreibst, Wirklichkeit werden.
>
> Erlaube dir, groß zu träumen, und lasse deine vergrabenen Hoffnungen wieder zum Vorschein kommen!

„Die Hoffnung stirbt zuletzt."

Weisheit aus Brasilien

Praxis: Welche Hoffnung gibt dir in deinem alltäglichen Leben besonders viel Kraft? Welche konkreten Schritte kannst du gehen, um die Hoffnung Wirklichkeit werden zu lassen?

10. Humor

Humor gilt als Begabung, um der Schwere der Welt mit einer heiteren Gelassenheit zu begegnen.

Wissenschaftlich gibt es drei zentrale theoretische Ansätze, die versuchen, den Kern humoristischer Momente zu erfassen. Die Überlegenheitstheorie nach Aristoteles besagt, dass wir in Situationen lachen, in denen wir uns überlegen fühlen. Die Inkongruenztheorie nach Cicero vertritt den Standpunkt, dass wir immer dann lachen, wenn wir einen überraschenden Wechsel zu anderen Sichtweisen erleben, und die Entladungstheorie von Freud beschreibt Humor als Mittel, um Spannungen und Hemmungen aufzulösen.

Nach Fredrickson gehört Humor als Vergnügen zu den zehn häufigsten positiven Emotionen mit positiven Einflüssen auf unsere Gesundheit bei Stress. Dies geschieht zum Beispiel dadurch, dass Humor den Blutdruck senkt und Optimismus fördert.

> **ÜBUNG**
>
> **Anziehender Humor**
>
> Du kennst sicherlich einige Menschen in deinem Umfeld, die einen besonderen Humor haben und dich regelmäßig zum Lachen bringen. Vielleicht wirst du sogar selbst als humorvoll beschrieben oder du möchtest Humor vermehrt in dein Leben einbauen.
>
> In jedem Fall lohnt es sich zu reflektieren, was genau dir an deinem und dem Humor anderer Menschen gefällt.
> - Welche Redewendungen, Mimiken und Gestiken sprechen dich an?
> - Was bringt dich bei Filmen, Theaterstücken oder Fernsehshows zum Lachen?
> - Welche Dinge nimmst du im Alltag gerne mit Humor?
>
> Wenn du diese Fragen für dich beantwortet hast, kannst du gezielt Menschen und Dinge in dein Leben integrieren, die deinen Humor ansprechen. So werden deine Tage mit Leichtigkeit und Lachen gefüllt sein.

„Das Leben ist zu wichtig, um es ernst zu nehmen."
Oscar Wilde

Praxis: Was bringt dich in deinem Alltag zum Lachen?
Wie kannst du Humor gezielt in dein Leben einfließen lassen?

11. Intuition

Intuition ist die Fähigkeit, Einsichten oder Stimmigkeit von Entscheidungen zu erlangen, ohne explizit den Verstand gebrauchen zu müssen.

Psychologisch zählt C.G. Jung Intuition zu den Grundfunktionen des Menschen, die eine Wahrnehmung der Zukunft mit all ihren Optionen und Entwicklungen ermöglicht. Sie wird meist als instinktives Erfassen bzw. als gefühlsmäßige Ahnung erlebt.

Die Psychologin Day versteht Intuition als „sechsten Sinn" und plädiert für Intuition als Schulfach – schließlich seien wir „in unserer Kindheit offen für intuitive Informationen." Voraussetzungen zum Erleben von Intuition sind nach Day vor allem Aufgeschlossenheit und Wahrnehmung.

In seinem Buch *Bauchentscheidungen* stellt der Psychologe Gigerenzer grundlegende Forschungsergebnisse zur Frage der Intuition vor. Sie münden in der Schlussfolgerung: „Gute Intuitionen müssen Informationen ignorieren." Dieses Paradoxon erklärt sich dadurch, dass nicht jede Information für eine Entscheidung relevant ist. So ist weniger manchmal mehr.

ÜBUNG

Intuitiver Ausflug

Wer mehr auf seine innere Stimme, die Intuition, hören möchte, muss dafür eine Ruhe im Geist schaffen und sich erlauben, dieses leise Bauchgefühl wahrzunehmen. Hierfür kann ein intuitiver Ausflug eine gute Übung sein.

Überlege dir für diesen Spaziergang keine Route und lege auch keine Zeit fest. Starte ohne Vorstellungen von einer Richtung und lasse dich von deiner inneren Stimme zu neuen, unbekannten Orten treiben.

Besonders aufregend kann dies auf Reisen oder in für dich noch unentdeckten Orten oder Städten sein. Versuche während dieses Spaziergangs immer wieder, auf dein Bauchgefühl zu hören, das dir sagt, welche Richtung du einschlagen sollst.

Dies kann vor allem eine gute Übung sein, wenn du normalerweise sehr viel planst, nachdenkst und alles mit deinem Verstand durchleuchtest. Ein intuitiver Spaziergang gibt deinem Geist eine Pause und erlaubt dir, der Stimme deiner Intuition Raum im Leben zu geben und nach ihr zu handeln.

„Man kann vieles wissen, indem man es nur fühlt."

Fjodor Dostojewski

Praxis: Wo hat dich dein intuitiver Ausflug hingeführt?
Wie hat es sich angefühlt, dich von deiner Intuition leiten zu lassen?

12. Meditation

Meditation ist eine in vielen Kulturen und Religionen ausgeübte spirituelle Praxis. Ergebnisse der Meditationsforschung zeigen positive Wirkungen vor allem im Sinne von Entspannung.

Achtsamkeitsmeditationen können zu einer Reduzierung von Angst, Stress und Schmerzen führen sowie zu einer Besserung der psychischen Gesundheit. Allerdings sind die Befunde oft nur schwach und jenseits von regelmäßiger Meditationspraxis selten nachhaltig.

Im Gegensatz zur Achtsamkeit als absichtsvoller und nicht-wertender Aufmerksamkeit ist die Meditation in der Regel auf spezifisch philosophisch oder religiös motivierte Inhalte ausgerichtet. Dabei gibt es methodisch vielfältige Formen, wie zum Beispiel Yoga, Tanz oder Tantra.

> **ÜBUNG**
>
> **Atem-Meditation**
>
> Viele Menschen verbinden mit Meditation eine komplizierte Technik, die jahrelang eingeübt werden muss, damit sie funktioniert. Doch Meditation kann auch einfach sein.
>
> Eine der am leichtesten zu erlernenden Formen der Meditation ist die achtsamkeitsbasierte Atem-Meditation. Hierfür schließt du die Augen, nimmst ein paar tiefe Atemzüge und atmest anschließend wieder normal weiter.
>
> Bei dieser Meditation soll der Fokus des Geistes auf den Atem gelegt werden, damit der Strom an Gedanken unterbrochen wird. Wenn es dir schwerfällt, kannst du jeden Atemzug gedanklich mit einer Nummer versehen und bei jedem Ein- sowie Ausatmen im Kopf von 1 bis 5 oder 10 zählen und dann wieder von vorn anfangen.
>
> Eine weitere Möglichkeit, die Gedanken in Schach zu halten, besteht darin, die Atemzüge mit Begriffen wie „Einatmen und Ausatmen" oder „Ruhe und Gelassenheit" zu begleiten.
>
> Diese kurze Meditationsübung lässt sich gut im Laufe des Tages einbauen und kann überall (z. B. in der Bahn, auf der Arbeit, im Büro) durchgeführt werden. So wirst du zahlreiche meditative Momente erleben.

„Ich schließe meine Augen, um zu sehen."
Paul Gauguin

Praxis: Wann und wo hast du die achtsame Atem-Meditation geübt? Was hast du dabei gefühlt?

13. Mitgefühl

Mitgefühl ist eine Emotion, die häufig mit Mitleid und Empathie verwechselt wird, sich aber von diesen Begriffen abgrenzen lässt. Mitleid beschreibt die Anteilnahme an negativen Gefühlen, Schmerz oder Leid von anderen Menschen. Man leidet buchstäblich mit. Im Gegensatz zum Mitleid kann Mitgefühl auch zu positiven Emotionen führen.

Auch Empathie, welche später genauer erläutert wird, ist nicht mit Mitgefühl gleichzusetzen, denn Mitgefühl hat im Vergleich zur Empathie eine aktivere Handlungskomponente. So beschreibt Gilbert Mitgefühl als „tiefe Erkenntnis des eigenen Leids und des Leids anderer Lebewesen, verbunden mit dem Wunsch und Bestreben, es zu lindern".

Zur Prävention gegen Burnout-Gefahren hat sich im 21. Jahrhundert das Konzept des Selbstmitgefühls nach Neff in der Positiven Psychologie etabliert. Selbstmitgefühl ist eine freundliche Haltung zu sich selbst, die bei negativen Erfahrungen hilfreich wirkt.

> **ÜBUNG**
>
> **Selbstmitgefühl**
>
> Die Balance zwischen Fürsorge für andere und Fürsorge für sich selbst zu halten, ist nicht immer einfach. Doch das regelmäßige Praktizieren von Selbstmitgefühl kann helfen. Hast du schon mal bewusst wahrgenommen, wie du in schwierigen Situationen mit dir selbst umgehst? In Situationen, in denen dir Fehler passieren, wenn vermeintlich alles schiefläuft oder du dich selbst enttäuschst?
>
> Gerade diese Situationen bergen das Potenzial, Selbstmitgefühl zu üben, du kannst aber auch jetzt schon mit einer Reflexion beginnen. Erinnere dich an die letzte schwierige Situation und versuche zu rekonstruieren, wie du in dem Moment mit dir selbst gesprochen hast. Schreibe am besten einige deiner gedanklichen Sätze auf ein Papier.
>
> Frage dich nun, wie du dagegen reagiert hättest, wenn zum Beispiel einer guten Freundin genau das Gleiche passiert wäre. Wie wärst du ihr begegnet? Was hättest du gesagt? Wenn es dir so geht wie den meisten anderen Menschen, wirst du eine große Diskrepanz zwischen deinem „Eigendialog" und dem Dialog mit anderen feststellen.
>
> Überlege deshalb, welche bestärkenden, Mut machenden Sätze du dir als dein eigener bester Freund in Zukunft sagen möchtest, um dich in Selbstmitgefühl zu üben.

„Das Mitgefühl mit allen Geschöpfen ist es, was Menschen erst zum Menschen macht."
Albert Schweitzer

Praxis: Welche Situation hast du ausgewählt? Wie hast du in dieser Situation reagiert? Und wie reagierst du mit Selbstmitgefühl?

14. Muße

Muße wird die Zeit genannt, die Menschen zur freien Bestimmung haben. Im Laufe der Geschichte hat sich die Begriffsbedeutung stark gewandelt.

In der Antike hatte Muße einen hohen Wert. Sie galt sogar als Ziel des Lebens im Gegensatz zum Übel der Sklavenarbeit. „Wir arbeiten, um Muße zu haben", meinte Aristoteles.

Heute leben wir in ambivalenten Zeiten. Einerseits hat die Ökonomisierung fast alle Lebensbereiche erreicht, sogar die Freizeitgestaltung. Im Zuge der Digitalisierung fällt es den Menschen immer schwerer, Ruhe zu finden. In Japan gibt es sogar das neue Krankheitsbild der „Nomophobie" – die Angst, ohne Mobiltelefonkontakt zu sein.

Andererseits wächst das Bewusstsein für die Bedeutung, die Muße für die Gesundheit hat. Dabei stellt sich individuell die Frage, ob z. B. die Wellness-Bewegung zu neuem Stress und Optimierungsdruck führt oder ob es gelingt, Muße nach antikem Vorbild ohne zeitlichen Verwertungsdruck positiv genießen zu können.

> **ÜBUNG**
>
> **Muße genießen**
>
> Wann hast du dir das letzte Mal einen ganzen Tag lang Zeit genommen, um deinem Körper, deinem Geist und deiner Seele etwas Gutes zu tun?
>
> In unserer heutigen Welt kommt es uns fast schon falsch vor, wenn wir Zeit „verstreichen" lassen und nichts „Produktives" leisten. Daher sollten wir uns Zeit nehmen, um Muße wieder Teil unseres Lebens werden zu lassen.
>
> Suche dir zum Beispiel einen Tag im Monat raus, den du vorher nicht planst und an dem du spontan all das tust, was dir Freude bereitet. Du kannst zum Beispiel in ein Wellness-Bad gehen, Zeit in der Natur verbringen, Sport machen, etwas Leckeres zu essen kochen, lesen, meditieren oder einfach nichts tun. Versuche, dir selbst etwas Gutes zu tun, dich aber nicht unter Druck zu setzen.
>
> Wenn du am Ende dieses Tages die meiste Zeit auf einer Parkbank gesessen und Vögel beobachtet hast, weißt du, dass du in Muße gelebt hast.

„In der Ruhe liegt die Kraft."

unbekannt

Praxis: Wie hat es sich angefühlt, einen Tag in Muße zu verbringen? Konntest du die Muße genießen?

15. Musik

Musik ist „die gemeinsame Sprache der Menschheit", meint der Schriftsteller Longfellow. Im psychologischen Bereich etablierten sich im 20. Jahrhundert die Musikpsychologie und Musiktherapie. Zum Gegenstand der Musikpsychologie gehören die Wahrnehmung, das Erleben und Verstehen von Musik.

Die Musiktherapie ist eine Heilmethode, um mithilfe von Musik therapeutische Wirkungen zu erzielen. Viele Musiktherapeuten arbeiten in klinischen Einrichtungen, zum Beispiel im Bereich der Rehabilitation oder der Palliativmedizin.

Darüber hinaus gibt es inzwischen eine Fülle von Befunden, welche die Wirkungen von Musik in unterschiedlichen Feldern belegen. Studien zufolge kann entsprechende Musik u. a. dazu beitragen, Einkaufsverhalten zu beeinflussen, Verabredungen zu treffen, sportliche Ausdauer zu steigern oder Menschen betrunken zu machen.

Im Sinne der Positiven Psychologie geht es darum, die Kraft der Musik für positive Ziele zu nutzen, sei es zur Förderung der Stimmung oder der Kreativität.

ÜBUNG

Lieblingsmusik

Musik löst bei jedem Menschen unterschiedliche Gefühle aus und wir können Musik gezielt dafür nutzen, unsere aktuelle Stimmung zu unterstreichen oder zu ändern. Lege dir dafür verschiedene Playlists fest, die Lieder enthalten, von denen du weißt, wie sie dich fühlen lassen.

Zum Beispiel kannst du Lieder sammeln,
- die dich sofort in eine gute Stimmung versetzen und zu denen du tanzen kannst.
- die dir Selbstbewusstsein und Kraft vor großen Herausforderungen schenken.
- die dich an alte Zeiten und schöne Momente erinnern.
- die deine Konzentration fördern.

Zahlreiche Musikprogramme bieten heutzutage die Möglichkeit der Erstellung solcher Playlists. Genauso kannst du aber auch nach CDs oder alten Schallplatten suchen, auf denen passende Lieder für deine Stimmung sind.

Egal wie – Hauptsache: Du suchst, spielst und hörst sie im richtigen Moment!

„Musik kann die Welt verändern."
Carlos Santana

Praxis: Welches sind die „Hits" deines Lebens?

16. Natur

Natur bezeichnet allgemein das, was nicht vom Menschen geschaffen wurde. Für uns Menschen, die wir selbst auch Natur sind, ist die Natur nicht nur überlebenswichtig, sondern auch physisch und psychisch sehr wertvoll.

Wie eine Studie mit 20.000 Briten belegen konnte, genügen schon zwei Stunden pro Woche in der Natur, um eine gesundheitsfördernde Wirkung zu entfalten, z. B. eine Reduzierung des Stress-Hormons Cortisol.

Vertiefte Gesundheitseffekte im Geiste Positiver Psychologie konnte auch die Studie „Stressreduktion durch Bergwandern" des Deutschen Alpenvereins nachweisen – regelmäßiges Wandern ohne Handy führt über die körperlichen Effekte hinaus zu mehr Achtsamkeit, Dankbarkeit, Entspannung, Gelassenheit und Lebenszufriedenheit.

> **ÜBUNG**
>
> **Fotos ohne Kamera**
>
> Für diese Übung brauchst du einen Partner, dem du blind vertrauen kannst, im wahrsten Sinne des Wortes. Begebt euch zusammen in die Natur und führt abwechselnd folgende Übung durch:
>
> Einer von euch nimmt zuerst die Rolle des Fotografen ein, der andere ist die Kamera.
>
> Die „Kamera" schließt die Linse bzw. die Augen und lässt sich vom Fotografen vorsichtig durch die Natur führen. Wenn der Fotograf der Kamera auf die Schulter drückt bedeutet dies, sie öffnet kurz die Augen, nimmt das Bild wahr und schließt sie wieder.
>
> Dies wird mindestens dreimal wiederholt, bis die „Kamera" die Augen ganz öffnen kann. Die Kamera soll nun feststellen, zu welchen Stellen der Fotograf sie geführt hat und beschreiben, was auf dem Foto zu sehen ist.
>
> Die Übung wird umso interessanter, je unterschiedlicher die „Motive" des Fotografen sind. Das heißt: Er kann seine Kamera nah an Elemente der Natur heranführen, aber auch Aufnahmen von großen Flächen machen.
>
> So lässt sich für beide Partner die Natur spielerisch auf eine neue Weise entdecken.

„Die Natur muss gefühlt werden."
Alexander von Humboldt

Praxis: Wie hat es sich angefühlt, die Kamera und der Fotograf zu sein?
Welche Fotos hast du nur mit deinen Augen aufgenommen?

17. Optimismus

Optimismus ist eine grundsätzlich positive Einstellung zum Leben und zur Welt. Optimisten glauben daran, dass am Ende alles gut wird.

Optimismus ist in der Positiven Psychologie ein beliebtes Thema, insbesondere aufgrund der Studien von Seligman. Er unterscheidet positiv-optimistische und negativ-pessimistische Stile der Attribution (Zuteilung).

Positive Attributionsstile zeichnen sich dadurch aus, dass sie die Ursachen von Erfolgssituationen intern, stabil und global sehen – Misserfolge dagegen als extern, variabel und spezifisch.

Seligman hält Optimismus für eine Persönlichkeitskomponente, die erlernbar ist und durch Coaching und Therapie gefördert werden kann. Empirische Befunde deuten darauf hin, dass sich Optimismus individuell positiv auswirkt, im Sinne von mehr Wohlbefinden, geringerem Depressionsrisiko und einer längeren Lebenserwartung.

> **ÜBUNG**
>
> **Wunder-Frage**
>
> Wie könnte eine negative Situation gut ausgehen? Diese Frage stellen wir uns viel zu selten, denn unser Gehirn ist häufig darauf konditioniert, die schlimmsten Szenarien bei einem Problemfall in unserem Leben auszumalen.
>
> Wenn die Entwicklung einer optimistischen Einstellung ein erstrebenswertes Ziel für dich ist, solltest du die „Wunder-Frage" zu deinem stetigen Begleiter machen. Diese lautet wie folgt: „Wie wäre es, wenn sich meine schwierige Situation wie ein Wunder auflöst und sich alles zum Guten wendet? Was wäre dann anders? Wie würde ich denken und mich verhalten?"
>
> Wenn du dir diese Frage stellst, ist dein Gehirn nicht mehr auf das Problem, sondern auf die Suche nach Lösungen fokussiert. Du öffnest dich für eine neue Realität und wirst merken, dass einem optimistischen Gedanken ein positiver Ausgang deiner Situation folgen kann.
>
> Beginne direkt jetzt und schreibe einen positiven Ausgang für eine deiner aktuellen Problemsituationen auf.

*„Die Welt besteht aus Optimisten und Pessimisten. Letztlich liegen beide falsch.
Aber der Optimist lebt glücklicher."*

Charlie Rivel

Praxis: Für welche Situation hast du dir die „Wunder-Frage" gestellt?
Was hat sich dadurch innerlich für dich verändert?

18. Prävention

Prävention bezeichnet alle Maßnahmen zur Abwendung von unerwünschten Ereignissen, die mit einer gewissen Wahrscheinlichkeit eintreffen könnten, wenn nichts getan würde. Prävention ist in der Medizin ein zunehmendes Thema angesichts der stark wachsenden Kosten im Gesundheitswesen, auch durch das Altern der Bevölkerung.

Unterschieden wird zwischen einer Verhaltensprävention, welche auf das Verhalten des Einzelnen zielt, und einer Verhältnisprävention als Summe von Maßnahmen, welche auf die Lebensumstände ausgerichtet sind. Ferner gibt es primäre Prävention mit dem Zweck, Gesundheit zu erhalten (z. B. Sucht-Präventionsprogramme), sekundäre Prävention mit dem Ziel der Vorbeugung (z. B. bei Burnout-Symptomen) und tertiäre Prävention als Rehabilitation nach einer Krankheit.

Eine weniger medizinische Perspektive vertritt die Weltgesundheitsorganisation mit der Idee der Gesundheitsförderung im Sinne der Kompetenzentwicklung, welche auch die Positive Psychologie zu stärken versucht.

ÜBUNG

Präventionsplan

In welchen Situationen oder Lebensbereichen gerätst du immer wieder in Stress oder erlebst etwas Negatives? Hier lohnt es sich, genauer hinzuschauen und präventive Maßnahmen zu ergreifen, die dich in Zukunft schützen.

Zum Beispiel könnte es sein, dass du immer wieder krank wirst, dass du schnell in finanzielle Notsituationen gerätst, Ärger in Beziehungen oder Stress auf dem Arbeitsplatz hast. Überlege dir in Ruhe, welche negativen Ereignisse in den letzten Monaten häufiger in dein Leben getreten sind und schreibe sie auf.

Gehe nun jedes einzelne Ereignis durch und notiere daneben eine Maßnahme, die du jetzt und in Zukunft ergreifen kannst, um dich präventiv davor zu schützen. Sei ehrlich mit dir selbst und denke daran, dass auch kleine, regelmäßige Schritte einen großen Unterschied bewirken. Wenn dir keine Maßnahme einfällt, lohnt es sich, Freunde oder Experten um Rat zu bitten.

Dein zukünftiges Ich wird dir für deine heutige Prävention danken.

„Lieber vorbeugen als nach hinten fallen."

unbekannt

Praxis: Welche präventiven Maßnahmen nimmst du dir vor?

19. Regeneration

Regeneration als physische Erholung ist zum Beispiel im Sport ein wichtiges Thema. Unser Körper braucht jedoch nicht nur eine physische, sondern auch eine psychische Regeneration bzw. Erholung.

Während Freizeit die gesamte Zeit jenseits der Arbeit meint, umfasst Erholung die Tätigkeiten, die der Entspannung dienen. Psychologisch rückt dabei zunehmend der Begriff der Work-Life-Balance als Gleichgewicht zwischen Arbeit und Leben ins Zentrum, auch in Anhängigkeit der individuellen Antwort auf die Frage nach dem Sinn des Lebens. Eine nachhaltige Work-Life-Balance dient zugleich der Burnout-Prävention, was auch Aufgabe von betrieblicher Gesundheitsförderung sein sollte.

Individuell hat Regeneration viele Dimensionen – im Rhythmus eines Jahres z. B. die Frage nach Urlaub, im Rhythmus einer Woche z. B. die Frage nach dem Wochenende und im Rhythmus des Tages z. B. Fragen nach Pausen und Schlaf.

> **ÜBUNG**
>
> **Regenerationszeit**
>
> Wann nimmst du dir Zeit für deine Regeneration? Betrachten wir unseren Terminkalender, so ist dieser häufig gefüllt mit zahlreichen Arbeitsterminen und anderen Verpflichtungen. Im hektischen Alltag fällt schnell die Pause unter den Tisch und unsere To-do-Liste diktiert unser Handeln.
>
> Um das zu verhindern, kann es hilfreich sein, deine Regenerationszeit im Voraus zu planen und sie mit hoher Priorität anzugehen. Plane zum Beispiel so früh wie möglich deinen Urlaub, sodass du weißt, wann dir eine längere Auszeit gegönnt ist. Genauso solltest du am Anfang jeden Monats deine Wochenenden durchgehen und dir hier nur Aktivitäten vornehmen, die dir guttun.
>
> Wenn du deine nächste Woche mit all ihren Terminen planst, halte genauso einen Platz für deine Pausen frei. Auch im Laufe des Tages darf „Eine entspannte Pause machen" gerne mal auf der To-do-Liste stehen.
>
> Indem du deiner Regenerationszeit von Anfang an einen hohen Wert beimisst, kannst du dies auch besser nach außen kommunizieren und dadurch leichter in deinen Alltag integrieren.

„Nichts bringt dich auf deinem Weg besser voran als eine Pause."
Elisabeth Browning

Praxis: Wie viel Zeit planst du momentan für deine Regeneration ein? Ist dies zu viel oder zu wenig?

20. Resilienz

Resilienz meint die psychische Widerstandsfähigkeit, Krisen bewältigen zu können. Ursprünglich wurde Resilienz als eine Eigenschaft vor allem bei Kindern bezeichnet, ihre Gesundheit auch unter Bedingungen zu erhalten, an der die meisten Menschen zerbrochen wären. Heute wird der Begriff auch für Menschen verwendet, die mit Belastungen erfolgreich umgehen.

Der Begriff Resilienz stammt von dem Psychologen Jacob Block. Eine Langzeit-Studie führten die Psychologinnen Werner und Smith durch. Sie beobachteten Hunderte von Kindern, die unter sehr schwierigen Bedingungen aufwuchsen.

Ein Drittel der Kinder wuchs trotzdem zu lebenstüchtigen Erwachsenen heran, sodass die Autorinnen zu dem Schluss kamen, Resilienz sei erlernbar. Zu hilfreichen Faktoren gehören u. a. ein positives Selbstbild, Beziehungen, Bildung und Religion.

> **ÜBUNG**
>
> **Ressourcen finden**
>
> Menschen mit einer hohen Resilienz werden durch die schwachen Momente in ihrem Leben stärker. Hast du es schon mal erlebt, dass du aus einer Krise, einer verletzenden Situation oder einem Schicksalsschlag etwas lernen und dich sogar weiterentwickeln konntest?
>
> Diese Übung soll dazu dienen, dir deiner eigenen Resilienz und der Mechanismen bewusst zu werden, mit denen du schwierige Situationen meistern kannst.
>
> Rufe dir dafür eine Situation aus der Vergangenheit in den Sinn, bei der du dich klein, verletzt und unbedeutend gefühlt hast und beantworte folgende Fragen:
> - Wie bist du mit der Situation umgegangen?
> - Was hat dir geholfen, nach dieser schwierigen Zeit wieder auf die Beine zu kommen?
> - Welche Gedanken, Worte und Handlungen von dir oder anderen Menschen waren hilfreich?
>
> Stell dir vor, du packst alle wertvollen Ressourcen, die dich die schwierige Situation gelehrt hat, in eine Schatzkiste, die du von nun an immer bei dir tragen wirst und die du in zukünftigen Krisen öffnen kannst, um dich selbst zu stärken. Schreibe alles, was in deine Schatzkiste gehört, auf einen Zettel und verstaue ihn an einem Ort, wo du ihn jederzeit wiederfinden kannst.

*„Das Größte, was man erreichen kann, ist nicht, nie zu straucheln,
sondern jedes Mal wieder aufzustehen."*

Nelson Mandela

Praxis: Welches sind deine wichtigsten Ressourcen zur Bewältigung von Krisen?

21. Schlaf

Schlaf ist ein Zustand der äußeren Ruhe bei Menschen und Tieren, der im täglichen Rhythmus auftritt und dem Wachsein entgegengesetzt ist. Erwachsene schlafen im Durchschnitt etwa sieben Stunden pro Nacht bzw. ein Vierteljahrhundert in ihrem ganzen Leben. Für ein gesundes Leben wären eher acht Stunden erstrebenswert.

In der Forschung war die Entdeckung der REM-Schlafphasen („rapid eye movement") 1953 durch Schlafforscher in Chicago bahnbrechend, da in diesen Phasen besonders intensive Traumtätigkeiten nachgewiesen werden konnten. In den REM-Schlafphasen werden emotionale Sinneseindrücke und Informationen verarbeitet, was besonders wichtig ist für die psychische Gesundheit. Wenn Menschen regelmäßig in dieser Phase geweckt werden oder von selbst aufwachen, weil sie an Schlafstörungen leiden, haben sie ein erhöhtes Risiko, psychisch krank zu werden.

Obwohl Freud die Traumdeutung als Königsweg zum Unbewussten ansah, wird dem Traumerleben wenig Aufmerksamkeit geschenkt. Während in der psychologischen Forschung die Untersuchung von Schlafstörungen bisher dominiert, entwickelt sich der Fokus langsam stärker auf die regenerative Kraft von Schlaf als unabdingbare Voraussetzung, um leistungsfähig zu sein.

ÜBUNG

Schöner schlafen

Wissenschaftlich ist erwiesen, dass es einige Faktoren gibt, die einen guten und tiefen Schlaf begünstigen, unter anderem:
- jeden Tag zu ähnlichen Zeiten ins Bett gehen und aufstehen, um einen geregelten Rhythmus zu schaffen
- ein gut abgedunkeltes, relativ kühles Zimmer
- vor dem Schlafengehen große Mahlzeiten vermeiden
- Nikotin und Alkohol vor dem Schlafen vermeiden
- Bildschirmzeit (besonders Blaulicht) am Handy oder Laptop direkt vor dem Schlafengehen einschränken

Schaffe dir in den nächsten Tagen eine gesunde Schlafhygiene und überlege, welche der genannten Faktoren du momentan noch nicht erfüllst.

Was kannst du an deiner Umgebung und deinem Verhalten ändern, um abends besser schlafen zu können? Welche drei Maßnahmen möchtest du diese Woche umsetzen?

„Schlaf ist das Hineinkriechen des Menschen in sich selbst."
Friedrich Hebel

Praxis: Welche Maßnahmen hast du dir ausgesucht?
Was brauchst du, um sie umsetzen zu können?

22. Sensibilität

Sensibilität bezeichnet in der Psychologie eine hohe Aufnahmebereitschaft für Signale aus der Umwelt und erscheint in Formen wie Feinfühligkeit und Empathie.

Sensibilität wurde psychologisch sowohl als Feinfühligkeit in der Eltern-Kind-Bindung (durch Ainsworth) als auch als Phänomen der Hochsensibilität (durch Aron) gut erforscht.

Studien zufolge geht z. B. Hochsensibilität bei Vätern mit einem stärkeren Verbundenheitsgefühl zu dem Kind einher. Hochsensible arbeiten häufig als Geistliche, Schriftsteller, Philosophen, Psychologen, Therapeuten oder Künstler.

Schorr weist auch auf kulturelle Unterschiede hin, nach denen z. B. sensible Kinder in China zu den beliebtesten Kindern zählen, während sie im Westen eher unbeliebt sind.

In Deutschland steht Sensibilität in der Bildung und im Berufsleben nicht besonders hoch im Kurs. Daher fallen hochsensible Menschen oft durch hohe ethische Ansprüche und Sinn für Spiritualität aus dem gesellschaftlichen Rahmen.

> **ÜBUNG**
>
> **Sensibilität zulassen**
>
> Jeder Mensch hat Gefühle, doch der Ausdruck eines intensiven Gefühlslebens wird gesellschaftlich selten toleriert. Abgesehen von der Frage, ob die Unterdrückung von Gefühlen gesund ist, fällt das Zulassen von Sensibilität manchen Menschen schwerer als anderen.
>
> Um herauszufinden, wie sensibel du bist, helfen schon einige Fragen aus einem Test zur Diagnostik von Hochsensibilität:
> - Nimmst du feine Veränderungen in deiner Umwelt wahr?
> - Beeinflussen dich die Stimmungen anderer Menschen?
> - Hast du häufig das Bedürfnis, dich zurückzuziehen?
> - Wann und wo hast du zum letzten Mal geweint?
>
> Wie hoch schätzt du deine Sensibilität auf Basis der Reflexion dieser Fragen auf einer Skala zwischen 0 und 10 ein? Welche Menschen fallen dir ein, die mehr oder weniger sensibel sind als du, sich also an den Polen der Skala befinden? Zu welchen dieser Menschen fühlst du dich hingezogen?

„Sensibel zu sein ist keine Schwäche, sondern eine kostbare Stärke."

Ernst Ferstl

Praxis: Wie sensibel schätzt du dich ein? Kannst du deine Sensibilität so leben, dass du dich dabei wohlfühlst? Wenn nicht, wie kannst du ihr mehr Raum geben?

23. Sport

Der Begriff Sport wird heute für alle Arten der körperlichen „Bewegung" verwendet – sogar Schach wurde vom Olympischen Komitee als Sportart anerkannt.

Aus gesundheitspsychologischer Sicht gibt es kaum ein Feld, in dem so positive gesundheitlichen Wirkungen belegt werden können wie durch Sport und körperliche Aktivität. Doch viele Menschen erleben heutzutage oft ein Zuwenig an körperlicher Belastung und ein Zuviel an psychischer Belastung, so dass ganzheitlichere Formen der Bewegung besonders wirksam sind.

Dabei gilt, dass die gesundheitsfördernde Wirkung von Bewegung im Freien rein körperlich durch die frische Luft noch stärker ist. Studien zufolge konnten zum Beispiel die nachhaltig positiven Folgen des Waldbadens (Miyazaki 2018) und des Bergwanderns (Sohr und Abbattista 2020) eindrucksvoll bestätigt werden.

ÜBUNG

Bewegung bewegt

Viele Menschen haben das Ziel, „mehr Sport" zu machen oder sich „mehr zu bewegen". Doch was bedeutet das konkret?

Um eine Verbesserung in körperlicher Fitness und Wohlbefinden zu bewirken, sind keine weltbewegenden Lebensumstellungen nötig. Viele kleine Bewegungen können schon einen großen Unterschied bewirken.

Überlege für diese Übung drei kleine Maßnahmen, wie du mehr Bewegung und Sport in deinen Alltag integrieren kannst. Hier ein paar Beispiele zur Inspiration:
- die Treppe statt den Fahrstuhl nehmen
- eine Station eher aus dem Bus steigen und den Rest laufen
- mit dem Fahrrad fahren, anstatt das Auto oder den Nahverkehr zu nutzen
- sich auf der Arbeit jede Stunde einen Wecker stellen, beim Klingeln aufstehen und alle Glieder strecken
- einen kleinen Spaziergang in der Mittagspause machen
- eine Sportart finden, die dir Spaß macht

Beachte, dass all diese kleinen Maßnahmen nicht nur langfristig einen guten Effekt auf deine Gesundheit haben, sondern schon im aktuellen Moment dafür sorgen, dass du dich besser fühlst. Um deine Motivation zu erhöhen, ist es deshalb wichtig, dass du Bewegungen in deinen Alltag einfließen lässt, an denen du Freude hast, und dir regelmäßig vor Augen führst, wie sich dein körperliches und geistiges Wohlbefinden durch die Bewegung verändert.

„Vogel fliegt, Fisch schwimmt, Mensch läuft."
Emil Zatopek

Praxis: Welche drei Maßnahmen hast du wann umgesetzt, um mehr Bewegung in deinen Alltag zu bringen? Was hat dir daran am besten gefallen?

24. Stille

Stille als Abwesenheit von störenden Geräuschen kann beruhigend wirken und Konzentration, Leistungsfähigkeit, Empfinden wie Wohlbefinden steigern. So kann eine ruhige Atmosphäre in kommunikativen Prozessen, wie zum Beispiel im Coaching oder in der Psychotherapie, eine positive Funktion haben, wie das Sprichwort „Reden ist Silber, Schweigen ist Gold" bereits erahnen lässt. Auch wichtige Entscheidungen bedürfen eines Augenblicks der Ruhe.

Völlige Stille kann aber auch als unangenehm und beängstigend wahrgenommen werden. Im Marketing werden der Stille konsumhemmende Wirkungen nachgesagt, sodass in Verkaufsräumen potenzielle Stille oft mit Hintergrundmusik überdeckt wird.

Im digitalen Zeitalter fällt es Menschen immer schwerer, die Ruhe auszuhalten, obwohl die Reizüberflutung zunehmend als Stressfaktor erlebt wird und aus der Gewöhnung eine Art „Bewusstlosigkeit" entsteht. So bilanziert Smedt im Werk *Lob der Stille,* dass in einer immer lauter werden Welt der Wert der Stille erst wieder entdeckt werden müsse: „Vielleicht haben wir es vergessen, aber wir tragen die uralte Weisheit der Stille in uns."

ÜBUNG

Still werden

Nimmst du dir in deinem Alltag noch Zeit für Stille? Viele Menschen lassen sich heutzutage durch die Technologie vom ersten Moment des Tages an in eine innerlich und äußerlich laute Welt hineinziehen.

Wenn morgens der Wecker klingelt, greifen sie zum Handy und checken die Nachrichten, beim Frühstück läuft das Radio im Hintergrund und auf dem Weg zur Arbeit Musik über die Kopfhörer. Nach dem Trubel der Arbeit wird der Fernseher angeschaltet und zur Ruhe kommen wir oft erst, wenn wir schlafen.

Eine regelmäßige Stille ist ein Luxus und gleichzeitig unerlässlich, um die Gedanken zu ordnen und zurück zu sich selbst zu finden. Versuche deshalb, noch heute einen Moment der Stille in deinen Tag einzubauen. Überlege dir, wo du in deinem Alltag die Lautstärke reduzieren kannst. Denn wenn du äußerlich einen Raum der Ruhe schaffst, wirst du auch innerlich ruhiger werden.

„In der vollkommenen Stille hört man die ganze Welt."

Kurt Tucholsky

Praxis: Was hat dir dabei geholfen, zur Ruhe zu kommen?
Wie kannst du Stille in Zukunft mehr in deinen Alltag fließen lassen?

25. Therapie

Therapie bezeichnet alle Maßnahmen mit dem Ziel, Krankheiten positiv zu beeinflussen. Dabei gibt es vielfältige Möglichkeiten der Einwirkung, u. a. Operationen (Chirurgie), Medikamente (innere Medizin) oder physikalische Mittel wie Wärme oder Wasser (Physiotherapie). Als besondere Form der Therapie gilt die Psychotherapie („Heilung der Seele"), weil sie in der Regel nur über das Medium Mensch erfolgt.

In der Psychotherapie konnte Grawe über alle Therapieschulen hinweg grundlegende Wirkfaktoren nachweisen – allen voran die therapeutische Beziehung, darüber hinaus eine Ressourcenaktivierung, motivationale Klärung und Problembewältigung. Ferner stellte sich heraus, dass die therapeutische Beziehung doppelt so bedeutsam wie die jeweilige Therapieschule für die therapeutische Veränderung bei Klienten ist.

So haben verwandte Formen zur Psychotherapie, wie z. B. Coaching, in den letzten Jahren an Bedeutung gewonnen. Aus der Perspektive der Positiven Psychologie sind vor allem eine ressourcenorientierte Haltung und ein positives Menschenbild hilfreich, um unsere Entwicklungspotenziale zu fördern.

> **ÜBUNG**
>
> **Heilsame Hilfe**
>
> Sowohl im psychischen als auch im körperlichen Bereich gibt es viele Möglichkeiten der Therapie. Umso schwerer kann es sein, eine Therapie oder einen Therapeuten zu finden, der zu deinen persönlichen Bedürfnissen und Wünschen passt.
>
> Damit du in Zukunft gezielter nach deiner angemessenen „Therapie" suchen kannst, solltest du dir dazu im Vorhinein einige Gedanken machen.
>
> Sammle im ersten Schritt auf einer Liste alle Maßnahmen, die du selbst schon für deine körperliche und geistige Gesundheit tust, und notiere, in welchen Bereichen du vielleicht Hilfe durch Experten gebrauchen könntest.
>
> Beantworte anschließend folgende Fragen, damit du Kriterien festlegen kannst, um für dich heilsame Hilfe zu finden:
> - Was ist dir wichtig, wenn es um deine körperliche und geistige Heilung geht?
> - Welches Wissen sollen deine Therapeuten haben?
> - Bei welchen Persönlichkeiten fühlst du dich angenommen und gut betreut?

*„Heilung bedeutet, dass ein Mensch erfährt, was ihn trägt,
wenn alles andere aufhört, ihn zu tragen."*

Wolfram von Eschenbach

Praxis: Welches sind deine Kriterien für heilsame Hilfe und warum?

26. Träume

Träume sind das Produkt des Träumens, womit im engeren Sinne die psychische Aktivität während des Schlafs gemeint ist, im weiteren aber auch Träume, die im Wachzustand entstehen.

Träume werden in allen Phasen des Schlafs erlebt, allerdings nur selten erinnert. Sie unterliegen nicht der Steuerung des bewussten Ichs und zeichnen sich oft durch ein starkes emotionales Erleben aus.

Es gibt Träume, während derer sich der Träumende seines träumenden Zustands bewusst ist („luizide" Träume). Wenn Träume erschrecken und Ängste auslösen, werden sie als Alpträume bezeichnet.

Die bisherigen Befunde der Traumforschung bestätigen die Kontinuitätshypothese, nach denen Träume das Wacherleben spiegeln und keine Zufallsprodukte sind. Doch Tatsache ist, dass die Ursachen und Funktionen des Träumens auch heute noch ein ungelöstes Rätsel sind. Es lohnt sich, der Kraft der Träume mehr Aufmerksamkeit zu schenken.

> **ÜBUNG**
>
> **Traum-Botschaften**
>
> Träume zu deuten und analysieren fällt vielen Menschen schon deshalb schwer, weil sie sich häufig nicht an ihre Träume erinnern. Um die Erinnerung anzuregen und dauerhaft zu stärken, kann ein Traumtagebuch sehr hilfreich sein.
>
> Nimm dafür ein einfaches Notizheft zur Hand und lege es neben dein Bett auf den Nachttisch, sodass du es dir direkt nach dem Aufwachen greifen kannst. Versuche eine Woche lang, jeden Morgen deine Träume zu notieren.
>
> Auch wenn nur wenige Gedankenfetzen hängen bleiben, schreibe sie stichpunktartig auf. Dadurch, dass du dich bewusst mit deinen Träumen auseinandersetzt, wird es dir nach einiger Zeit leichter fallen, sie wahrzunehmen und zu erinnern.
>
> Zusätzlich kannst du nach einiger Zeit deine notierten Träume noch einmal in Ruhe betrachten und dir die Frage stellen, was du in diesen Träumen erkennst. Welche Erlebnisse, Emotionen und unterbewussten Gedanken verarbeitest du in deinen Träumen? Und welche Botschaften sind für dich besonders bedeutsam?

„Träume dein Leben und lebe deinen Traum."
Sven Sohr

Praxis: Wann hast du mit deinem Traum-Tagebuch begonnen? An welche Träume konntest du dich erinnern? Welche Erkenntnisse bzw. Botschaften für dein Leben hast du gewonnen?

27. Trauer

Trauer ist eine emotionale Reaktion auf negativ empfundene Ereignisse, etwa den Verlust eines geliebten Menschen oder Tieres, aber auch auf Trennungen aller Art (z. B. Arbeit oder Heimat). Der Trauerprozess ist kein passiver Vorgang, sondern setzt sog. Trauerarbeit voraus, um die Trauer konstruktiv zu „bewältigen". Hilfreich kann eine Begleitung durch gute Freunde, Seelsorger oder Therapeuten sein.

Der Schweizer Ärztin Elisabeth Kübler-Ross gelang es mit ihrem Werk *Interviews mit Sterbenden* (1969), das Thema Trauer in der Medizin zu enttabuisieren und ein Modell des Trauerns vorzulegen. Sie beobachtete fünf wiederkehrende Phasen: Nichtwahrhabenwollen, Zorn, Verhandeln, Depression sowie Zustimmung.

Dennoch ist die von Mitscherlich hierzulande konstatierte „Unfähigkeit zu trauern" (1967) auch heute noch therapeutisch aktuell, bedenkt man die Tatsache, dass Trauer über einen Zeitraum von wenigen Tagen hinaus von klassischen Krankheitskatalogen (z. B. DSM der APA) pathologisiert wird. Demgegenüber weist der griechische Psychologe und Therapeut Canacakis auf die Problematik nicht gelebter Trauer hin und plädiert für eine Kultur des Trauerns, die unsere Gefühle nicht unterdrückt. Schließlich sei Trauern keine Krankheit, sondern Ausdruck positiver Lebendigkeit.

> **ÜBUNG**
>
> **Trauer-Botschaften**
>
> Was hast du im Laufe deines Lebens und vor allem in deiner Kindheit über Trauer gelernt? War es dir „erlaubt", um Verluste zu trauern? Oder wurde dies in deinem Umkreis als „schwach" oder „unangebracht" abgestempelt?
>
> Wenn es dir schwer fällt, diese Fragen aus dem Stegreif zu beantworten, rufe dir die letzte Situation in den Sinn, bei der du getrauert hast und mache dir zu den folgenden Fragen Notizen:
> - Welchen Anlass gab es für dich, um zu trauern?
> - Wie hast du dich verhalten und deine Trauer zum Ausdruck gebracht?
> - Durchläuft deine Trauer bestimmte Phasen?
> - Was hat dir geholfen, mit dem Gefühl der Trauer umzugehen?
>
> Versuche, die Erkenntnisse aus deiner letzten Trauerphase aus der Vogelperspektive zu betrachten. Deine Trauerreaktion enthält viele Botschaften darüber, wie du gelernt hast, mit dem Gefühl umzugehen, und was dir persönlich hilft, Trauersituationen in Zukunft gut zu verarbeiten.

„Ohne Trauer keine Power."
Jorgos Canacakis

Praxis: Welche vergangenen oder gegenwärtigen Anlässe des Trauerns sind dir bewusst? Wie fühlt sich deine Trauer an? Kannst du deine Trauer leben? Welche Schlüsse ziehst du aus deiner Trauer für die Zukunft?

28. Vergebung

Vergebung bezeichnet ein individuelles Handeln von Personen, die auf ein Fehlverhalten reagieren. Auslöser können verbale und körperliche Verletzungen sein. Vergebung ist abzugrenzen u. a. von Vergessen (wenn eine Verletzung nicht mehr erinnert wird), Nachsicht (wenn Fehlverhalten unerheblich erscheint), Akzeptanz (wenn die Verletzung und Folgen akzeptiert werden) und Versöhnung (sie setzt die Reue des Täters voraus und beinhaltet die Wiederherstellung der vorigen Beziehung).

Vergeben hängt von unterschiedlichen Faktoren ab, nicht nur von der Persönlichkeit und den Werten des Opfers, sondern auch von der Reue des Täters. Zu den weiteren Einflussvariablen gehören neben Religion auch Alter (die sog. Altersmilde) und das Geschlecht (Männer vergeben seltener als Frauen und neigen häufiger zu Rache).

Zahlreiche Studien der Positiven Psychologie belegen, dass Vergebung mit einer besseren Gesundheit, mehr Wohlbefinden und weniger Stresserleben einhergeht.

> **ÜBUNG**
>
> **Selbstvergebung**
>
> Anderen zu vergeben, ist häufig ein schwieriger Akt – sich selbst zu vergeben, sogar oft noch schwieriger. Dabei ist Selbstvergebung ein wichtiger Grundstein, um mit vergangenen Fehlern abzuschließen und selbstbewusst in die Zukunft zu blicken.
>
> Welchen Fehler hast du dir selbst noch nicht vergeben und trägst ihn wie einen schweren Sack auf deinen Schultern? Lasse diesen Sack fallen, indem du dir selbst einen Brief schreibst und um Vergebung bittest. Schaue dir noch ein letztes Mal vor deinem inneren Auge alles an, was du bereust, womit du dich selbst enttäuscht oder welchen Fehler du dir bis heute nicht vergeben hast. Drücke all deine Gefühle ungefiltert auf dem Papier aus.
>
> Versuche anschließend, die Perspektive eines guten Freundes einzunehmen, der dich dazu anregt, mit der Vergangenheit abzuschließen und voranzublicken. Schreibe alles, was dieser gute Freund dir sagen würde, in den Abschluss des Briefes.
>
> Fühle anschließend in dich hinein, ob in dir der Wunsch nach einer Handlung hochkommt, die du aufgrund deiner neu gewonnen Sichtweise ausführen möchtest (z. B. dich bei einer Person entschuldigen oder ein ehrliches Gespräch führen). Fühlst du die Erleichterung, die sich einstellt, wenn du dir selbst vergibst?

„Vergebung ist ohne Anfang und ohne Ende."
Dietrich Bonhoeffer

Praxis: Wofür hast du dir selbst vergeben?
Was hat dir dabei geholfen und wie fühlt es sich an?

29. Wohlbefinden

Empirischen Forschungen zufolge trägt psychisches Wohlbefinden zu einer besseren Gesundheit und höheren Lebenserwartung bei. Das Erleben psychischen Wohlbefindens hängt nach Ryff von folgenden Faktoren ab: Selbstakzeptanz, persönliches Wachstum, Sinn im Leben, Gestaltung der Umwelt, Autonomie und positive Beziehungen.

Als klassischer Beleg für die höhere Lebenserwartung gilt die sog. Nonnenstudie, bei der die Gesundheit von Nonnen über 70 Jahre verfolgt wurde. Diejenigen Nonnen, die bei Eintritt ins Kloster positivere Haltungen artikulierten, lebten im Schnitt etwa zehn Jahre länger.

Fredrickson hat in dem Kontext den Begriff „Flourishing" (Aufblühen) geprägt und meint damit einen Lebensstil, der entstehen kann, wenn positive gegenüber negativen Gefühlen dominieren (mindestens im Verhältnis 3:1).

Seligman erweiterte diese Erkenntnisse zu seiner Theorie des Wohlbefindens im Rahmen des PERMA-Ansatzes mit fünf Voraussetzungen: positive Gefühle, Engagement, positive Beziehungen, Lebenssinn und Aufgabenerfüllung. Das Leitmotiv zur Flourishing-Förderung lautet: „Stärken stärken."

ÜBUNG

Feelgood-Manager

Laut der Theorie des Wohlbefindens braucht es fünf Faktoren, um psychisches Wohlbefinden hervorzurufen (siehe oben).

Gehe diese Faktoren einmal in Ruhe durch und überlege dir, wie du sie in den nächsten Tagen stärken kannst. Welche Momente lösen positive Gefühle bei dir aus? Wo könntest du dich für ein Herzensprojekt engagieren? Welche deiner Beziehungen würdest du als „positiv" beschreiben und kannst du den Kontakt zu diesen Menschen verstärken? Wie gelingt es dir, Sinn in deinem Leben zu finden? Und wie gelingt es dir, deine Aufgaben zu erfüllen?

Schreibe dir anhand der Fragen eine Liste von „Wohlbefindensverstärkern", die du in den nächsten Tagen angehst. So kannst du dein eigener Feeldgood- Manager werden und dein eigenes Wohlbefinden und somit auch deine psychische sowie körperliche Gesundheit in die Hand nehmen, um dich wohlzufühlen und das Leben zu genießen.

„Wer nicht genießt, wird ungenießbar."
Konstantin Wecker

Praxis: Welches sind deine wichtigsten Wohlbefindensverstärker?

30. Zufriedenheit

Zufriedenheit bedeutet, innerlich ausgeglichen zu sein und nicht mehr zu verlangen, als man hat. Teil der Zufriedenheit ist das Wort „Frieden" als heilsamer Zustand der Stille oder Ruhe und Abwesenheit von Störung oder Beunruhigung.

Der aktuelle Zustand der Zufriedenheit ist Teil der Lebenszufriedenheit als Ganzes. Lebenszufriedenheit wird sowohl subjektiv als auch objektiv definiert und erfasst.

Im deutschen Sprachraum hat sich der „Fragebogen zur Lebenszufriedenheit" (FLZ) als Instrument etabliert, um Lebenszufriedenheit mithilfe von zehn Dimensionen zu erfassen, die sich aus folgenden zehn Faktoren ergeben: Gesundheit, Arbeit und Beruf, Finanzen, Freiheit, Ehe und Partnerschaft, Kinder, die Zufriedenheit mit der eigenen Person, Sexualität, soziales Netz sowie Wohnung.

Das Instrument zeigt, von wie vielen Faktoren unsere Lebenszufriedenheit abhängt. Daher gibt es wahrscheinlich auch niemanden, der in allen Dimensionen gleichzeitig glücklich ist. Der beste Prädiktor zur Lebenszufriedenheit ist die Selbstzufriedenheit, also ein Bereich, auf den wir mehr Einfluss als auf andere haben.

> **ÜBUNG**
>
> **Bestandsaufnahme**
>
> Nutze den „Fragebogen zur Lebenszufriedenheit", um dir bewusster über deine Zufriedenheit zu werden. Schreibe auf, wie zufrieden du auf einer Skala von 1 bis 10 mit jedem der folgenden Lebensbereiche bist:
> - Gesundheit
> - Arbeit und Beruf
> - Finanzen
> - Freiheit
> - Ehe, Partnerschaft und Kinder (sofern vorhanden)
> - Selbst
> - Sexualität
> - soziales Netz
> - Wohnung
>
> Überlege dir im zweiten Schritt, wie wichtig dir jeder einzelne Bereich auf einer Skala von 1 bis 10 ist und schreibe die Zahl daneben. Die Bereiche, in denen du eine geringe Zufriedenheit hast, die dir aber besonders wichtig sind, solltest du als erste in deinen Fokus nehmen. Was könntest du tun, um diese Bereiche zu stärken?

„Statt zu klagen, dass wir nicht alles haben, was wir wollen, sollten wir lieber dankbar sein, dass wir nicht alles bekommen, was wir verdienen."

Dieter Hildebrandt

Praxis: Welche Bereiche in deinem Leben sind dir wichtig, aber momentan noch nicht zufriedenstellend? Was kannst du tun, um dies zu ändern?

II. Übungen zu Beziehungen

*„Alle, die im Bereich der menschlichen Beziehungen tätig sind,
arbeiten am wichtigsten Unternehmen der Welt."*

Carl Rogers

Der amerikanische Psychotherapeut Carl Rogers (1902–1987) gehörte zu jenen Menschen, welche die überragende Bedeutung von Beziehungen („Vitamin B") in ihrer ganzen Vielfalt erkannten. Beziehungen wirken auf allen Ebenen unseres Seins:
- Auf der Mikro-Ebene der Beziehungen unseres Privatlebens
- Auf der Meso-Ebene der Beziehungen unseres Berufslebens
- Auf der Makro-Ebene der Beziehungen unserer Gesellschaften

Entwicklungspsychologisch erschließt sich die Relevanz von Beziehungen auf dem Weg unserer individuellen Lebensreise von Anfang an: Sie beginnt bereits im Mutterleib mit unsern Eltern und unserer Familie, setzt sich fort über andere Kinder, Erzieher und Lehrer im Kindergarten und in der Schule, über Freunde, Kollegen und Partner und reicht bis zur potenziellen Gründung einer eigenen Familie als Eltern und Großeltern.

Dabei ist die Fähigkeit, Bindungen zu erleben und eingehen zu können, von frühester Kindheit an entscheidend für unser weiteres Beziehungsleben. Die moderne Bindungsforschung kann eindrucksvoll belegen, wie ausgehend vom erlebten „Urvertrauen" (nach Erikson) Kinder eine Bindung zu ihren Eltern aufbauen können, die wie ein „sicherer Hafen" auch für die weitere Zukunft und den weiteren Lebensweg wertvollen Halt gibt. Mit diesem positiven Selbst- und Fremdbild werden auch glückliche Beziehungen im Erwachsenenleben wesentlich wahrscheinlicher.

Der Königsweg zu erfüllten Bindungen und Beziehungen führt über die Kommunikation. Fragt man Menschen, welche Schlüsselkompetenzen am wichtigsten im Berufsleben sind, landen Kommunikation und Teamfähigkeit unter 100 Kompetenzen auf den ersten beiden Plätzen.

Derselbe Befund ergibt sich übrigens auch bei der Auswertung von Stellenanzeigen – diese Fähigkeiten wünschen sich offenbar auch Arbeitgeber. Doch wie elementar die Ausbildung kommunikativer Beziehungsfähigkeiten ist, zeigt sich erst bei Erweiterung der Frage über das Berufsleben hinaus in vollem Umfang. Denn auch bei der Frage nach den wichtigsten Kompetenzen für ein glückliches Privatleben kommen Kommunikation, Beziehungsfähigkeit und Liebesfähigkeit (Platz 1!) unter die „Top Ten". Auch bei der Frage nach den wichtigsten Schlüsselkompetenzen für eine nachhaltige Zukunft der Gesellschaft (Makro-Ebene) sind kommunikative Kompetenzen ganz oben: Beispiele sind Konfliktfähigkeit, Toleranz, Solidarität und Zivilcourage (vgl. Sohr 2005).

Aber wo werden diese Dinge in unserem Bildungssystem gelehrt und gelernt? In diesem Bereich herrscht nach wie vor ein großes Defizit. Denn wer hatte Kommunikation, Konfliktfähigkeit, Bindung, Liebesfähigkeit oder Zivilcourage als Schulfach?

So möchten wir im Geiste der Positiven Psychologie im Folgenden zur Sensibilisierung und Ausbildung von konstruktiven Kompetenzen für ein erfülltes Beziehungsleben auf allen Ebenen beitragen, indem wir 20 grundlegende Themen in diesem Feld ausgewählt haben, um sie mit einfachen Übungen weiterentwickeln zu können.

Das Themenspektrum im Bereich der Beziehungen reicht von Grundhaltungen wie Selbstwert, Respekt, Vertrauen, Empathie und Freundlichkeit über stärker prosoziale Aktivitäten wie Altruismus, Großzügigkeit, Solidarität, Teamspirit und Zivilcourage bis hin zu sehr tiefen Erfahrungen wie Güte, Geborgenheit, Freundschaft, Liebe und Sexualität.

Konzeptionell gibt es bei den Beziehungsübungen zwar auch wieder viele Möglichkeiten zur Reflexion, wie zum Beispiel eine Bindungsanalyse, eine Talkshow-Analyse zum Thema Mediation oder zu Kreisen der Toleranz. Doch der Schwerpunkt unserer praktischen Übungen zum Beziehungsleben liegt naturgemäß im aktiven Erleben mit Beziehungspartnern. Beispiele sind u. a. das aktive und empathische Zuhören, der Umgang mit Feedback, die selbstlose Tat, der Tag der Freundlichkeit, das Kultivieren von Wir-Gefühlen oder eine freie Umarmung.

Wer bereit ist, sich auf alle Übungen einzulassen, wird sich und andere mit nachhaltigen Glücksgefühlen im menschlichen Miteinander beschenken, die auch zu Synergieeffekten und neuen Beziehungstiefen auf allen Ebenen menschlicher Interaktion führen können.

Letztlich steht über allem die Erfahrung von Liebe und Verbundenheit in einer technischen und rationalen Welt, in der tiefe Bindungen und Beziehungen von Mensch zu Mensch immer seltener, brüchiger und oberflächlicher werden – quasi als positive Gegenbewegung des wichtigsten Unternehmens dieser Welt. Das ist manchmal viel leichter, als es auf den ersten Blick scheint. Denn auch die Liebe beginnt mit einem Lächeln.

31. Altruismus

Altruismus (lat. alter = der andere) bedeutet Selbstlosigkeit und ist ein zentraler Wert in vielen Religionen, z. B. im Christentum („Liebe deinen Nächsten wie dich selbst!").

Lange Zeit dominierten Auffassungen von Machiavelli, Hobbes oder Freud, nach denen Menschen nur aus egoistischen Motiven handeln. Was selbstlos scheint, wäre also nie uneigennützig. Sozialpsychologische Befunde widerlegen aber die These, dass Menschen nur dann aus Mitleid helfen, wenn sie hoffen können, aus der Hilfe einen Nutzen zu ziehen. So lässt sich schon bei Kindern Hilfsbereitschaft beobachten, denen solches Verhalten nicht anerzogen wurde.

Die Positive Psychologie beschäftigt sich mit Persönlichkeiten, die auf natürliche Art altruistisch handeln. Tendenziell steigt die Wahrscheinlichkeit für ein altruistisches Verhalten nach Erfolgserlebnissen. Altruisten fühlen sich glücklicher als Egoisten.

In der Gesprächstherapie wird die Selbstlosigkeit des Altruismus als heilsame Haltung von Rogers gefördert. Sie zeigt sich durch Wertschätzung, Echtheit und Einfühlung.

> **ÜBUNG**
>
> **Eine selbstlose Tat**
>
> Der Alltag bietet viele Möglichkeiten, sich in altruistischem Handeln zu üben. Eine selbstlose Tat besteht daraus, einem anderen Menschen etwas in materieller (z. B. ein Geschenk, finanzielle Unterstützung, ein selbstgekochtes Essen) oder immaterieller (ein Kompliment, Zeit etc.) Form zu geben, ohne dabei etwas zurück zu erwarten.
>
> Setze dir selbst eine Herausforderung und nimm dir vor, heute eine altruistische Tat auszuüben. Entweder, du überlegst dir im Vorhinein, was du einem anderen Menschen geben möchtest, oder du hältst die Augen für Gelegenheiten altruistischen Handelns offen.
>
> Spüre in jedem Fall nach deiner „selbstlosen Tat" in dich hinein und notiere das Gefühl, das die Tat bei dir ausgelöst hat.

„Geben ist seliger als nehmen."

Paulus

Praxis: Wie hat deine altruistische Tat ausgesehen? Wie hast du dich dabei gefühlt? Wie hat der Empfänger deiner Tat reagiert?

32. Bindung

Bindung bezeichnet psychologisch gesehen eine enge Beziehung zwischen Menschen. Die Bindungsforschung belegt, dass Menschen ein angeborenes Bedürfnis haben, enge und gefühlsintensive Beziehungen zu Mitmenschen aufzubauen. Die Bindungstheorie beschäftigt sich mit dem Aufbau und der Veränderung von engen Beziehungen im Lebenslauf.

Kinder, die eine sichere Bindung entwickeln, zeigen auch als Heranwachsende weniger depressive Auffälligkeiten und entwickeln als Eltern zu 80 % eine positive Bindung zu ihren Kindern, verbunden mit Respekt und Empathie. Meta-Analysen bestätigen den intergenerativen Effekt von Bindung.

Die immense Bedeutung von Bindung, die bereits Erikson mit seinem Konzept des Urvertrauens offenbarte, gewinnt in Zeiten brüchiger Bindungen wieder zunehmend an Aktualität.

ÜBUNG

Bindungsanalyse

Im Leben eines jeden Menschen gibt es viele verschiedene Bindungen, die sich im Laufe der Jahre stetig verändern. Grundsätzlich lassen sie sich unterscheiden in vorgegebene Bindungen, die von Natur aus existieren (z. B. zu Eltern und Familie) und Bindungen, die aktiv eingegangen werden (z. B. zu Partnern, Freunden, Kollegen etc.).

Diese Übung soll dazu beitragen, die Bindungen in deinem Leben zu reflektieren und zu intensivieren. Deshalb laden wir dich zu einer „Bindungsanalyse" ein:
1. Schreibe eine Liste von Menschen, denen du dich besonders verbunden fühlst, und benenne stichwortartig die Art von Bindung (z. B. „bester Freund" oder „guter Kollege").
2. Schreibe auf, was die jeweilige Bindung für dich besonders macht und im Laufe der Zeit gestärkt hat (z. B. gemeinsame Interessen oder geteilte Erlebnisse). Auch bei familiären Bindungen lohnt es sich, darüber nachzudenken, was euch über das Erbgut hinaus verbindet.
3. Überlege dir, wie du die Bindung zu den ausgewählten Menschen noch intensivieren kannst. Kommuniziere zum Beispiel mit der jeweiligen Person, was du in deiner Bindungsanalyse herausgefunden hast und warum du dich ihr verbunden fühlst.

„Jede Kreatur hat einen Urtrieb nach einer liebevollen Umarmung."
Hildegard von Bingen

Praxis: Welche Menschen hast du für deine Bindungsanalyse ausgewählt? Welche drei Dinge kannst du tun, um die Bindung zu den jeweiligen Personen zu stärken?

33. Empathie

Empathie kommt aus dem Griechischen und bedeutet eigentlich „Hineinfühlen" und „Mitleiden". Heute wird jedoch zwischen Empathie im Sinne von Einfühlung und Mitleid unterschieden.

Der Emotionspsychologe Ekman versteht Empathie als Mitgefühl bzw. als Reaktion auf die Emotion eines anderen Menschen und unterscheidet die kognitive (Erkennen, was ein anderer fühlt) von der emotionalen Empathie (Fühlen, was ein anderer fühlt).

Vor allem in sozialen Berufen ist Empathie der Schlüssel zu einem vertieften Verständnis des Menschen, wie insbesondere Rogers im Feld der Psychotherapie belegen konnte.

Empathie gilt auch als ein wesentlicher Faktor für Führungskompetenz. Der amerikanische Psychologe Ciaramicoli sieht das „Paradox" der Empathie in ihrer Möglichkeit zum Missbrauch. Dennoch geht er davon aus, dass die „Einfühlung mehr als jede andere menschliche Fähigkeit der Schlüssel für liebevolle Beziehungen ist."

ÜBUNG

Empathisches Zuhören

Empathie sorgt für eine bessere Bindung, sowohl zu anderen Menschen als auch zu unserer Umwelt. Sie lässt sich gut in Beziehungen aller Art verbessern. Du kannst dich bewusst in Empathie üben, indem du das nächste passende Gespräch dazu nutzt, um deinem Gesprächspartner empathisch zu begegnen.

Beobachte seine Mimik und Gestik. Frage dich, was gerade für Gefühle in ihm vorherrschen und versuche, diese Gefühle in Worte zu fassen. Stell dir vor, wie es dir gehen würde, wenn du in seiner Haut stecken würdest. Sei ganz bei der anderen Person und begegne ihr mit einer offenen Geisteshaltung.

Du kannst im Anschluss an das Gespräch für dich aufschreiben, was du bei deinem Gesprächspartner gesehen und gespürt hast, um deine Eindrücke festzuhalten und deine Sinne zu schärfen.

Mit der Zeit wirst du feststellen, wie durch deine Empathie eine besondere Verbindung zu deinen Gesprächspartnern entsteht.

*„Es gibt in einem anderen Menschen nichts, was es nicht auch in mir gibt.
Dies ist die einzige Grundlage für das Verstehen der Menschen untereinander."*

Erich Fromm

Praxis: Mit wem hast du ein empathisches Gespräch geführt? Wie hat es sich angefühlt?

34. Feedback

Die Idee des Feedbacks stammt kommunikationstheoretisch vom Psycholinguisten Herbert H. Clark, nach dem Sprache im Dialog eine Kooperation der Kommunikationspartner ist.

Watzlawick als Pionier der Kommunikationspsychologie stellte grundlegende Axiome auf, die auch für Feedbackprozesse von zentraler Bedeutung sind. Demnach kann man ‚nicht nicht' kommunizieren (auch Stille hat eine Botschaft). Ferner hat jede Nachricht eine Sach- und eine Beziehungsebene.

Schulz von Thun erweiterte dieses Modell noch um zwei weitere Dimensionen. Diese besagen, dass Kommunikation im Allgemeinen und Feedback im Besonderen immer auch Anteile einer Selbstoffenbarung und eines Appells haben.

Aufbauend auf den kommunikationspsychologischen Erkenntnissen ist Feedback für die Gestaltung konstruktiver Beziehungen hilfreich, jedoch auch eine anspruchsvolle Herausforderung. Höchstes Ziel im Sinne der Positiven Psychologie ist ein stärkendes Feedback für beide Seiten. Um dieses Ziel zu erreichen, sollte der Sender idealerweise beschreibend statt wertend kommunizieren, während der Empfänger das Feedback als ein „Geschenk" annehmen oder ablehnen kann – im Bewusstsein, dass ein Feedback mehr über Sender als über Empfänger sagt.

ÜBUNG

Umgang mit Feedback

Feedback zu geben ist sowohl für die Entwicklung eines starken Teams als auch für Beziehungen zwischen einzelnen Menschen ein unerlässliches Tool. Nimm dir Zeit, um mit einem Freund, Kollegen oder Partner an deiner Feedbackkultur zu feilen und bewusst zu kommunizieren, wie du eine Situation wahrgenommen hast.

Setze dich für diese Übung mit einer vertrauten Person deiner Wahl zusammen. Beschreibe sachlich die Situation, für die du Feedback geben möchtest, artikuliere deine Gefühle über die Gegebenheiten und beende dein Feedback mit einem Wunsch für die Zukunft. Wichtig ist, dass du als Feedback-Geber authentisch und empathisch bist und deine Worte immer auf das Verhalten der Person richtest und nicht auf die Persönlichkeit.

Sei ganz bei dir selbst und nimm wahr, was die Worte deines Gegenübers bei dir auslösen, wenn es dir ein ehrliches Feedback schenkt. Gelingt es dir, das Feedback anzunehmen und dich dafür zu bedanken?

„Kunden-Feedback ist manchmal schmerzhaft, aber immer gut."

Rolf Hansen

Praxis: Mit wem hast du dich im „Feedbacken" geübt? Wie hat dein Gegenüber reagiert? Wie hast du reagiert?

35. Freundlichkeit

Freundlichkeit bezeichnet sozialpsychologisch ein respektvoll positives Verhalten, sofern es authentisch ist. Freundlichkeit ist eine zeitlose Haltung. Schon Aristoteles beschrieb sie in seiner Nikomachischen Ethik: „Der Freundliche begegnet seinem Gegenüber liebenswürdig und bringt ihm das Interesse entgegen, das ihm gebührt."

Freundlichkeit zeigt im Gegensatz zu Höflichkeit eine höhere Initiative und nimmt dadurch mehr Anteil auf der Beziehungsebene, erfordert aber nicht das empathische Einfühlungsvermögen, das bei intimer Zuwendung unabdingbar ist. Es gibt jedoch auch eine „Herzens-Höflichkeit", die über die kühle Distanz hinausgeht, wie sie im Wirtschaftsleben meist praktiziert wird.

Hierzulande sehen nur 45 % der Frauen und nur 30 % der Männer Freundlichkeit zum Mitmenschen als etwas, das wichtig für sie ist. Dabei zeigen Studien sehr positive Auswirkungen von Freundlichkeit sowohl für die Gesundheit als auch im Sinne des reziproken Verhaltens, dass Freundlichkeit mit Freundlichkeit „beantwortet" wird.

> **ÜBUNG**
>
> **Tag der Freundlichkeit**
>
> Eine freundliche Tat lässt sich jeden Tag einbauen und schafft nicht nur einen Mehrwert für den Empfänger, sondern auch für den Sender. Um Freundlichkeit zu deiner Stärke zu machen, kannst du zum Beispiel einen „Tag der Freundlichkeit" zelebrieren, an dem du deinen Fokus darauf legst, bewusst freundlich zu anderen Menschen zu sein.
>
> Schreibe zu Beginn des Tages eine Liste von freundlichen Taten, die du heute ausüben möchtest (z. B. „Danke" zum Busfahrer sagen oder einer Kollegin ein Kompliment für ihre Arbeit machen) und definiere für dich, was eine freundliche Haltung bedeutet.
>
> Versuche dann im Laufe des Tages sowohl die Haltung einzunehmen als auch die Taten umzusetzen. Wenn du dies als Übung oft wiederholst, wirst du deine Haltung der Freundlichkeit so sehr verinnerlichen, dass es dir gar nicht mehr auffällt (dafür deinen Mitmenschen umso mehr!).
>
> Trotz dieses Ziels sollte deine Freundlichkeit immer authentisch bleiben. Es ist zwar sinnvoll, auch in schwierigen Situationen freundlich zu sein, aber deine eigenen Gefühle und Bedürfnisse sollten dadurch nicht unter den Tisch fallen.

„Freundlichkeit ist eine Sprache, die Taube hören und Blinde sehen können."
Mark Twain

Praxis: Was hast du an deinem „Tag der Freundlichkeit" gemacht? Welches Gefühl hattest du am Ende dieses Tages? Wie haben deine Mitmenschen reagiert? Kannst du dir vorstellen, nicht nur an einem Tag im Jahr freundlich zu sein, sondern die Haltung zu verinnerlichen?

36. Freundschaft

Freundschaft ist ein auf gegenseitiger Zuneigung beruhendes Verhältnis von Menschen, welches sich durch Sympathie und Vertrauen auszeichnet.

Nach Auhagen ist Freundschaft eine dyadische, persönliche und informelle Sozialbeziehung, deren Existenz grundsätzlich auf Gegenseitigkeit beruht. Zentrale Qualitätskriterien sind wechselseitige Anerkennung, Bestätigung und Hilfeleistungen. Während Frauenfreundschaften eher „face to face" orientiert sind und oft auch die gegenseitige Beziehung thematisieren, fokussieren sich Männerfreundschaften stärker auf gemeinsame dritte „Gegenstände", wie z. B. Beruf, Sport oder Politik.

Im Zeitalter der Digitalisierung steigt zwar die Quantität von vermeintlichen Freunden, obwohl es häufig keine persönlichen Begegnungen gibt. Dabei gehen aber die Zahlen qualitativ wirklich guter Freunde in jüngerer Zeit tendenziell zurück.

Eine kanadische Studie mit 25.000 Menschen bestätigt die positiven Effekte von Freundschaften. Menschen mit sehr guten Freunden fühlen sich gesünder und weniger gestresst. Ihr Wohlbefinden bleibt dauerhaft hoch, wenn sie ihre Freunde oft persönlich treffen und nicht nur mit ihnen im Netz chatten.

> **ÜBUNG**
>
> **Freundschaft pflegen**
>
> Gute Freundschaften sind eine wunderbare Bereicherung für das Leben, sie wollen jedoch auch gepflegt werden. Um die Qualität einer Freundschaft zu verbessern, braucht es nicht viel – ein Anruf, ein Treffen oder eine liebevolle Botschaft reichen häufig schon aus.
>
> Schreibe eine Liste mit allen Freunden, die dir besonders wichtig sind und überlege dir für drei Freunde, was du tun kannst, um eurer Freundschaft einen neuen Schwung zu verleihen. Du kannst zum Beispiel ein gemeinsames Ritual initiieren, eine nette Karte schreiben oder spontan anrufen.
>
> Wichtig ist, dass du dir im Alltagsstress immer ein wenig Zeit für die Pflege deiner Freundschaften freihältst. Damit du diese organisatorische Hürde leichter nehmen kannst, ist es sinnvoll, dass du dir bei jedem deiner Freunde auf der Liste aufschreibst, warum diese Person dein Leben bereichert.
>
> Durch die Bewusstwerdung des Wertes eurer Freundschaft wird es dir leichter fallen, Zeit und Energie in die Beziehung zu stecken.

*„Freundschaft ist, wenn dich einer für gutes Schwimmen lobt,
nachdem du beim Segeln gekentert bist."*

Werner Schneyder

Praxis: Welche drei Freundschaften möchtest du in den kommenden Wochen stärken? Was kannst du dafür tun?

37. Geborgenheit

Geborgenheit ist zunächst einmal ein Wort, welches im Rahmen eines internationalen Wettbewerbs zum zweitschönsten Wort der deutschen Sprache gekürt wurde (nach „Habseligkeit") – es gilt als unübersetzbar, z. B. ins Englische oder Französische.

Geborgenheit berührt unsere Sehnsüchte und symbolisiert u. a. Nähe, Ruhe und Frieden. Für den Psychologen Hans Mogel, der dem Phänomen zahlreiche internationale Forschungen widmete, ist Geborgenheit die „Gastlichkeit des Lebens auf Erden".

Während Frauen bei Geborgenheit als Erstes an Wärme denken, steht bei Männern der Sicherheitsaspekt im Vordergrund. Für beide Geschlechter ist Geborgenheit vor allem in der Partnerschaft und Familie zu finden, für Frauen auch bei der besten Freundin. Nichtsdestotrotz wird Geborgenheit immer individuell erlebt und dieses Erleben stellt das Lebensgefühl der Geborgenheit dar.

Ausgerechnet in den sog. hochzivilisierten Gesellschaften leiden Menschen im technischen Zeitalter immer öfter unter mangelnder Geborgenheit, obwohl sie als die umfassendste und nachhaltig wirkungsvollste Entwicklungsdeterminante unserer Persönlichkeit gilt, die in frühester Kindheit angelegt ist. Unter den zahlreichen Wegen einer nachhaltigen Geborgenheit ist der Glaube besonders bedeutsam, wie Studien mit allen großen Religionen offenbaren konnten.

ÜBUNG

Freie Umarmung

Die intensivsten Gefühle der Geborgenheit erleben wir meist, wenn wir uns berührt und gehalten fühlen. Als Kinder hatten wir hoffentlich Eltern oder Großeltern, die uns Geborgenheit schenken konnten, indem sie uns umarmt haben. Als Erwachsene erleben wir diese Momente zunehmend weniger, besonders in unserer Kultur.

Inzwischen gibt es Menschen, die sich mit einem Schild „free hug" auf öffentliche Plätze stellen, um eine „kostenlose Umarmung" anzubieten. Viele Leute reagieren irritiert oder ignorant – und manche fangen sogar an, Mister oder Miss Hug zu beschimpfen. Doch einige nehmen das Geschenk auch dankbar an und erleben Erstaunliches – z. B. fangen ältere Menschen, die keine Angehörigen mehr haben, manchmal vor Freude zu weinen an.

Eigentlich ist es doch gar nicht so schwierig, einen anderen Menschen zu umarmen, oder? Wen kannst du heute noch umarmen, um ihm und dir etwas Geborgenheit zu schenken?

„Geliebt wirst du nur, wo du schwach dich zeigen kannst, ohne Stärke zu produzieren."

Theodor Adorno

Praxis: Welchen Menschen hast du für diese Übung bewusst umarmt? Kannst du deine Gefühle in Worte fassen, die diese Umarmung auslöste? Fühltest du dich (und auch dein Gegenüber) geborgen?

38. Generosität

Generosität nennt man die Bereitschaft, etwas zu geben, was über „normales" Maß hinausgeht, sowie auch die Fähigkeit, in größeren Dimensionen zu denken und zu handeln.

Forschungen mit Kindern zeigen, dass sich die Großzügigkeit von Spenden erhöht, sobald Kinder dazu aufgefordert werden, sich die Gefühle eines benachteiligten Kindes vorzustellen. Großzügigkeit kann schon in der Erziehung gefördert werden. Großzügiges Verhalten hat nicht nur positive Effekte für die Empfänger, sondern auch für die Geber. Es bestehen Zusammenhänge zwischen Großzügigkeit, Gesundheit und Lebensfreude.

Neben Großzügigkeit im materiellen Sinne gibt es auch „Generosity of Spirit" als Großherzigkeit. Dreyfus versteht darunter eine gewisse „Seelengröße" im Sinne von Liebenswürdigkeit sowie Vertrauen in und Glauben an das Gute im Menschen.

> **ÜBUNG**
>
> **Großzügig sein**
>
> Je häufiger du Großzügigkeit im Alltag praktizierst, desto selbstverständlicher wird diese Eigenschaft für dich und desto leichter fällt es dir, großzügig zu sein.
>
> Um großzügig zu sein, bieten sich täglich Gelegenheiten: Zum Beispiel kannst du einen Freund, Partner oder Familienmitglied beim nächsten Treffen in ein Restaurant oder Café ohne Anlass einladen und dem Kellner mehr Trinkgeld geben, als es üblich ist. Du kannst dir auch ein Überraschungsgeschenk für eine nahestehende Person überlegen oder einen Betrag an eine Organisation spenden.
>
> Die Möglichkeiten sind unbegrenzt. Versuche bewusst, jeden Tag eine großzügige Geste in deinen Alltag einzubauen, sei sie auch noch so klein.
>
> Achte dabei darauf, wie du dich nach deiner großzügigen Tat fühlst.

„Nicht der ist reich, der viel hat, sondern der, welcher viel gibt."

Erich Fromm

Praxis: Welche großzügige Tat hast du heute getan? Wie ging es dir dabei? Wie haben deine Mitmenschen reagiert?

39. Güte

Güte kommt aus dem Hochdeutschen von „gut" und bedeutet als Substantiv eigentlich „Gutheit", vor allem „Herzensgüte". Gemeint ist eine freundliche, wohlwollende und nachsichtige Haltung. In der Psychologie gibt es zwei unterschiedliche Theorien bzw. Betrachtungsweisen des menschlichen Miteinanders. Fast ausschließlich dominieren die Ansätze, die Beziehungen auf Basis des Menschenbildes vom *homo oeconomicus* beschreiben. Danach geht es stets um den individuellen Ertrag von Beziehungen als Produkt von Kosten-Nutzen-Abwägungen – ein Investment, um ein Plus zu machen. Beispiele sind die Austausch-Theorie, die Ressourcen-Theorie, der Ansatz vom sozialen Kapital und die evolutionspsychologischen Ansätze.

Alternativ vertritt Ann Elisabeth Auhagen als Ergänzung zu diesem vorherrschenden Paradigma den Ansatz mitmenschlicher Güte. Er beruht auf dem Axiom, dass Menschen einen freien Willen haben, um Gutes um seiner selbst willen zu tun, ohne eine Gegenleistung zu erwarten. Mit empirischen Studien konnte sie belegen, dass Güte mit Freundlichkeit korreliert und mit Autonomie, Selbstliebe und Nächstenliebe einhergeht, oft auch mit Empathie, Verantwortung und dem Glauben an Gott. So ist auch die Güte ein Ziel im Sinne Positiver Psychologie.

ÜBUNG

Gütige Haltung

In welchen Bereichen deines Lebens kannst du deine gütige Haltung noch weiter entwickeln? Häufig erleben wir uns in bestimmten Situationen oder bestimmten Personen gegenüber als sehr gütig, freundlich und nachsichtig. Bei anderen Menschen wiederum ist unsere Güte (vielleicht durch vergangene Verletzungen oder Enttäuschungen) schnell vergessen. Auch sich selbst gegenüber fällt es vielen Menschen schwer, gütig zu sein.

Überlege dir einen gütigen Gedanken oder eine Handlung, die du gegenüber einem Mitmenschen praktizieren möchtest. Du kannst dabei eine konkrete Situation aufschreiben, die dir als Übungsfeld dienen soll (z. B. „Wenn meine Kollegin wieder so langsam arbeitet, werde ich Verständnis für ihre Situation aufbringen.").

Notiere dir genauso eine Maßnahme für mehr Güte dir selbst gegenüber. Ein Beispiel für eine gütige Haltung ist: „Ich darf Fehler machen." In welcher konkreten Situation kannst du die gütige Haltung dir selbst gegenüber üben?

Du wirst feststellen, wie gut Güte tut!

„Das Wesentliche ist unsichtbar. Man muss es mit dem Herzen suchen."

Antoine de Saint-Exupéry

Praxis: Welche gütige Handlung oder welchen gütigen Gedanken hast du dir für dich und einen anderen Menschen überlegt?

40. Kommunikation

Kommunikation gehört zu den wichtigsten Schlüsselkompetenzen – nicht nur für Erfolg im Berufsleben, sondern auch für Glück im Privatleben, darüber hinaus auch für ein nachhaltiges Überleben der Menschheit.

Für eine „Positive Kommunikation" plädiert Auhagen: „Positiv zu kommunizieren heißt, eine ethische Basis für den Umgang miteinander zu akzeptieren." Positive Kommunikation betrifft sowohl den Sender als auch den Empfänger einer Nachricht.

Shelly Gable postuliert vier Kommunikationsstile und konnte zeigen, dass ein aktivkonstruktiver Stil, der positive Gefühle zum Ausdruck bringt (verbal und nonverbal), für beide Seiten den größten Nutzen hat. Ein gut erforschtes Anwendungsfeld sind partnerschaftliche Beziehungen. Glückliche Paare offenbaren häufiger Blickkontakt, sie lächeln mehr, sprechen mit einer warmen Stimme und hören aktiver zu.

> **ÜBUNG**
>
> **Aktives Zuhören**
>
> Wann hast du das letzte Mal einem Menschen wirklich zugehört? Ohne sein Gesagtes direkt zu kommentieren, ohne dir Gedanken über eine Antwort zu machen und ohne über seine Aussagen zu urteilen?
>
> Wenn du deine Kommunikation mit anderen Menschen verbessern möchtest, kannst du mit dem „aktiven Zuhören" einen ersten Schritt wagen. Hierfür musst du nichts weiter tun, als deinem Gesprächspartner bewusst zuzuhören. Du kannst ihn dazu anregen, mehr zu erzählen, indem du seine Aussagen in eigenen Worten zusammenfasst oder nachfragst, wie genau er etwas gemeint hat.
>
> Versuche dich selbst für einen Moment zurückzunehmen und komplett offen verstehen zu wollen, wie dein Gegenüber seine Welt sieht.
>
> Du wirst merken, dass es sich anfangs ungewohnt anfühlt, die sonst direkt geäußerten Kommentare für sich zu behalten, doch für deinen Gesprächspartner (und für dich) kann solch eine Art von Zuhören eine therapeutische Wirkung haben.

„Worte, die kein Licht bringen, vergrößern die Dunkelheit."

Mutter Theresa

Praxis: Mit wem hast du das aktive Zuhören geübt? Wie hast du diese Erfahrung erlebt?

41. Liebe

Liebe ist etwas, was jeder Mensch kennt, ohne dass es bisher eine einheitliche Definition dafür gibt. Wer „Liebe Definition" googelt, erhält über 20 Millionen Beiträge. Liebe gilt als höchste Form von zugeneigter Wertschätzung und Bewunderung, die sich durch sehr starke Gefühle ausdrückt. In vollendeter Ausführung ist sie bedingungslos, besonders in der Religion.

In der Psychologie ist die Liebe erst seit kurzem Gegenstand der Forschung. Zwar hatte Freud in seiner Triebtheorie die Liebe schon lang entdeckt, doch danach kam nicht allzu viel. Fromm unterscheidet in der „Kunst des Liebens" verschiedene Objekte der Liebe: Die Liebe zwischen Eltern und Kind, die Nächstenliebe, die erotische Liebe, die Selbstliebe und die Liebe zu Gott.

Nach antikem Vorbild postuliert der Soziologe Lee sechs Liebesstile: Eros (die romantische Liebe), Philia (freundschaftlich), Agape (selbstlos), Ludus (spielerisch), Mania (besitzergreifend) und Pragma (vernunftgeleitet).

ÜBUNG

Sprachen der Liebe

Jeder Mensch hat eine andere Art und Weise, seine Liebe zu zeigen. Der amerikanische Paartherapeut Chapman hat diese verschiedenen Arten in fünf „Sprachen der Liebe" unterteilt. Liebe kann ihmzufolge ausgedrückt werden durch:
- Worte (z. B. Komplimente)
- Lebensmomente (gemeinsam verbrachte Zeit)
- Geschenke
- Unterstützung (z. B. im Haushalt)
- Berührung

Nach dieser Theorie hat jeder Mensch eine Sprache, die für ihn besonders viel Liebe ausdrückt. Für eine glückliche, lange Beziehung (nicht nur mit dem Partner, sondern auch mit Freunden und Kindern) sollte man die Sprache seines Gegenübers lernen und bewusst sprechen.

Ein erster Schritt, um die Liebessprache seiner Mitmenschen zu erkennen, kann darin bestehen, sie zu fragen, in welchen Momenten sie sich am meisten geliebt fühlen und was ihnen in der Beziehung zu dir fehlt. Die Liebessprache des anderen zu lernen, kann sich anfangs ungewohnt anfühlen, aber alles, was du auf diese Weise gibst, kommt vielfach zu dir zurück. Durch welche der fünf Sprachen fühlst du dich besonders geliebt?

„All you need is love."

The Beatles

Praxis: Wen hast du nach seiner Sprache der Liebe befragt?
Wie kannst du diesem Menschen deine Liebe zeigen?

42. Mediation

Mediation ist eine strukturierte Form der Vermittlung von Konflikten zweier Parteien, die von einer neutralen Person geführt wird. Ziel dabei ist, einen Konflikt konstruktiv zu lösen.

In der heutigen Praxis ist Mediation eine alternative Form des Konfliktmanagements als außergerichtliche Begegnung. Sie vereint u. a. Ansätze der Konfliktforschung und systemischen Therapie auf Basis der Humanistischen Psychologie, welche von der Positiven Psychologie weiterentwickelt wurden. So fand Fredrickson heraus, dass positive Emotionen ein gutes Gegenmittel für negative Emotionen darstellen, welche normalerweise bei Konflikten im Allgemeinen und einer stark analyseorientierten Fokussierung des Konfliktmanagements im Besonderen dominant sind.

Positive Emotionen sorgen für eine schnellere physiologische Erholung. Studien zufolge werden Konflikte zielorientierter angegangen, wenn im Vorfeld die Konfliktparteien z. B. ein kleines Geschenk bekommen, das zu positiven Emotionen beiträgt.

Entscheidend ist eine „mediative Grundhaltung". Sie zeichnet sich durch Mitmenschlichkeit, Respekt und Wertschätzung für andere Menschen sowie die Bereitschaft aus, eine für beide Seiten positive Lösung des Konflikts zu erreichen.

ÜBUNG

Talkshow-Analyse

Unsere Welt steckt voller Konflikte – umso mehr brauchen wir Menschen, die als Mediatoren dienen können. Wenn du deine Fähigkeiten für die Vermittlung bei Konflikten stärken willst, ist es gut, wenn du eine „neutrale" Konfliktsituation analysierst, die dich nicht selbst betrifft oder emotional stark berührt.

Schalte zum Beispiel abends eine Talkshow ein, bei der über ein bestimmtes Thema diskutiert (und eventuell sogar gestritten) wird. Beobachte das Verhalten und die Fragen des Moderators. Was würdest du genauso machen? Was anders? Versuche, die Positionen der verschiedenen Parteien möglichst neutral zu betrachten und zu erkennen, was ihnen wirklich auf dem Herzen liegt.

Schreibe während der Analyse deine Erkenntnisse auf und überlege dir, wie du die Konfliktparteien zu einer gemeinsamen Lösung führen würdest. Dadurch übst du dich darin, eine neutrale, mediative Haltung einzunehmen. So kannst du zukünftig bei Konflikten in deinem Umfeld eine neue Betrachtungsweise einnehmen.

„Das Ziel eines Konfliktes soll nicht der Sieg, sondern der Fortschritt sein."

Joseph Joubert

Praxis: Was ist dir bei der Beobachtung des Konflikts im Fernsehen aufgefallen? Welche Verhaltensmuster haben die Menschen gezeigt und wie könntest du als guter Mediator darauf reagieren?

43. Respekt

Respekt ist eine Form der Wertschätzung. Psychologisch wird zwischen den Komponenten Einstellung und Verhalten unterschieden. Respekt gegenüber anderen Personen hat ferner einen bewertenden und einen anerkennenden Aspekt. Ersterer basiert auf der subjektiven Bewertung einer Person, Letzterer auf moralischer Wertschätzung und Würde.

Respektvolles Verhalten hat einen positiven Einfluss auf den Empfänger. Manche Menschen sind wie verwandelt, wenn man sie respektvoll behandelt, was sich zum Beispiel im Arbeitsleben oder Gesundheitswesen zeigt.

Laut Kant ist der Mensch moralisch verpflichtet, nicht nur anderen Menschen Respekt zu zeigen, sondern auch sich selbst. Respekt und Selbstrespekt sind eng miteinander verknüpft – Selbstrespekt gilt als Voraussetzung für Respekt gegenüber anderen.

Die Wurzeln von beidem liegen meist in der Familie – sie beginnen in der Erziehung. So belegen Studien, dass sich Jugendliche umso aggressiver und gewalttätiger verhalten, je weniger sie sich in der Familie und der Gesellschaft respektiert fühlen.

> **ÜBUNG**
>
> **Respekt zeigen**
>
> Sicher fallen dir in deinem Leben einige Menschen ein, denen du mit einem hohen Grad an Respekt begegnest. Oft respektieren wir Menschen, die auf irgendeine Art „höher gestellt" sind als wir, und begegnen denen, die „niedriger gestellt" sind, mit weniger Respekt.
>
> Um Respekt in breitere Bereiche deines Lebens fließen zu lassen, laden wir dich dazu ein, zu reflektieren, wen du in den letzten Wochen weniger als gewöhnlich respektiert hast. Woran liegt das? Welche negativen Gedanken hast du über diesen Menschen?
>
> Versuche ihm oder ihr in den nächsten Tagen gezielt respektvoller zu begegnen. Führe dir den Wert dieser Person für dein Leben vor Augen und erkenne sie dafür an, was sie ist. Du wirst sehen, wie Menschen aufblühen, wenn sie respektvoll behandelt werden.

„Wer will, dass sein Sohn ihm Respekt zeigt, muss selbst Achtung vor seinem Sohn haben."

John Locke

Praxis: Wem bist du auf welche Art und Weise mit mehr Respekt begegnet?

44. Selbstwert

Selbstwertgefühl ist für die Positive Psychologie sehr wichtig, wie die umfangreichen Forschungen zeigen. Das Gefühl kann in positiven Kognitionen („Ich bin wertvoll") und positiven Emotionen wie Stolz oder Zufriedenheit zum Ausdruck kommen. Das Selbstwertgefühl gilt als stabiles Persönlichkeitsmerkmal, es kann spezifisch („Ich kann gut Fußball spielen") oder global („Ich bin ein guter Mensch") wirken.

Entwicklungspsychologisch wird das Selbstwertgefühl in der Kindheit und Jugend maßgeblich beeinflusst. Erste Voraussetzung für die Entwicklung eines gesunden Selbstwertgefühls ist die bedingungslose Akzeptanz des Kindes durch die Eltern.

Horney unterschied bereits 1939 zwischen gesundem Selbstwert und pathologischem Narzissmus. Sowohl zu niedrige als auch zu hohe Selbstwahrnehmungen können zu Problemen führen – zum einen in Richtung Depressionen, zum anderen in Richtung Manie. Nach Kernis zeichnet sich ein optimaler Selbstwert nicht nur durch tief verankerte positive Selbstwertgefühle, sondern auch durch Selbstakzeptanz samt aller Fehler aus („nobody is perfect"), sodass der Selbstwert leistungsunabhängig ist.

> **ÜBUNG**
>
> **Selbstwert spiegeln**
>
> Jeder Mensch hat einen ganz persönlichen Wert für andere Menschen und die Gesellschaft. Mache dir bewusst, warum du wertvoll und unverzichtbar für diese Welt bist und stärke dein Selbstwertgefühl. Hierfür lohnt es sich, deine engsten Freunde und Familienmitglieder zu befragen, denn häufig sind wir selbst blind für unseren eigenen Wert. Frage sie:
> - Welchen Beitrag leiste ich in deinem Leben?
> - In welchen Momenten habe ich dir geholfen und wie?
> - Durch welche meiner Worte und Handlungen geht es dir besser?
>
> Die Antworten deiner Liebsten werden dich sicherlich erstaunen und überraschen. Dennoch ist dein Wert für andere nur eine Seite der Medaille. Auf der anderen stehen Fragen wie:
> - Worin liegt unabhängig vom Mehrwert, den du für andere hast, für dich dein eigener Wert?
> - Was findest du an dir wertvoll?
>
> Sammle alle Antworten, sowohl von dir selbst als auch von anderen Menschen, und schaue diese immer an, wenn du dich nicht wertvoll fühlst.

„Deinen Selbstwert findest du nicht in den Meinungen von anderen."
Stephen Aitchison

Praxis: Warum bist du wertvoll für die Welt und für dich? Welche Gemeinsamkeiten und Unterschiede kannst du in den Antworten entdecken?

45. Sexualität

Sexualität bezieht sich heute im weitesten Sinne auf alles, was mit Fortpflanzung, Beziehung, Lust und Lebendigkeit zu tun hat, basierend auf Berührung, Körperkontakt und Sinnlichkeit. Beim Menschen ist Sexualität im Gegensatz zu vielen Tieren kein reines Instinktverhalten, sondern unterliegt oft bewussten Entscheidungsprozessen.

In den 60er-Jahren des 20. Jahrhunderts erforschte das Paar Masters und Johnson die sexuellen Reaktionen empirisch. In der Medizin medikalisierte sich die Entwicklung vor allem in den 1990er-Jahren durch das Präparat „Viagra". Im 21. Jahrhundert stellt die frei verfügbare und expandierende Pornographie im Internet die Menschen vor neue sexuelle Herausforderungen.

Parallel dazu gibt es Entwicklungen, die die Sexualität stärker auf die menschliche Beziehungsebene heben und das Leistungsdenken in der Sexualität hinterfragen. Dazu gehört z. B. die aus Indien stammende Tantra-Philosophie, die Sexualität auch mit Spiritualität verbindet.

ÜBUNG

Sinnlichkeit spüren

Eine erfüllte Sexualität beginnt bei dir. Indem du deinen eigenen Körper wieder zu spüren beginnst und ein Gefühl dafür entwickelst, was dir gefällt und was nicht, werden die sexuellen Erlebnisse mit anderen Menschen noch schöner und du kannst bewusst kommunizieren, was dir gefällt.

Eine gute Übung dafür ist der sogenannte Bodyscan. Bei dieser Übung geht es darum, den Körper achtsam wahrzunehmen, wie er ist. Das heißt: Du fühlst langsam von der Zehenspitze bis zum Kopf in deinen gesamten Körper hinein. Du nimmst bewusst wahr, wie sich die verschiedenen Körperregionen anfühlen, ohne sie zu bewerten.

Diese Art der Übung kannst du auch im Laufe des Tages ausführen. Nutze zum Beispiel Situationen, in denen du auf etwas warten musst, indem du in deinen Körper hinein spürst.

Wenn du mit deinem Partner sexuell aktiv bist, kannst du die Achtsamkeit gegenüber deinem eigenen Körper ebenfalls trainieren, indem du vollkommen präsent bist und bewusst wahrnimmst, welche Sinnlichkeiten dir gefallen. Kommuniziere offen und ehrlich, was du aus dieser Übung für dich gelernt hast, um Sexualität zu genießen.

*„Das sexuelle Verhalten eines Menschen ist oft vorbildlich
für seine ganze sonstige Reaktionsweise in der Welt."*

Sigmund Freud

Praxis: Wie hat sich der Bodyscan angefühlt? Welche Körperregionen hast du besonders gespürt? Wirkt sich dein Körperbewusstsein auf deine Sexualität aus?

46. Solidarität

Solidarität ist eine Gesinnung der Zusammengehörigkeit mit einer starken inneren Verbundenheit. Sie impliziert das Prinzip der Mitmenschlichkeit aus freien Stücken. Soziologisch fasst Habermas zusammen: „Wer sich solidarisch verhält, nimmt im Vertrauen darauf, dass sich der andere in ähnlichen Situationen ähnlich verhalten wird, im langfristigen Eigeninteresse Nachteile in Kauf."

Es werden zwei Formen der Solidarität unterschieden – die eine mit dem Ziel der Durchsetzung gemeinsamer egoistischer Interessen, die andere im Sinne altruistischer Verpflichtung gegenüber Benachteiligten. So gibt es eine Solidarität auf der Grundlage gemeinsamer und unterschiedlicher Interessen im Spektrum einer Polarität der Werte Selbsterhöhung und Selbstüberwindung.

Aus der Perspektive der Positiven Psychologie stellt sich die Frage, wie Solidarität gefördert werden kann. Soziale Verantwortung braucht Nähe, verbunden mit der Bereitschaft, Solidarität zu geben, statt sie nur von anderen zu erwarten.

> **ÜBUNG**
>
> **Verbinden und vernetzen**
>
> Sicherlich hast du dich in deinem Leben schon öfter solidarisch gezeigt und dich mit anderen verbunden, um gemeinsam für eine Herzenssache einzustehen. Schreibe dir für diese Übung alles auf, was dir an solidarischen Momenten einfällt, und notiere den Auslöser für deine Solidarität.
>
> Überlege im zweiten Schritt, mit wem oder was du dich in den nächsten Tagen solidarisieren könntest. Zu welchen Ideen, Aktivitäten und Zielen von anderen Gruppen oder einzelnen Menschen fühlst du dich hingezogen und möchtest diese unterstützen? Für welche Werte möchtest du dich gemeinsam mit anderen einsetzen?
>
> Notiere dir eine Möglichkeit, wie du in den nächsten Tagen deine Solidarität zum Ausdruck bringen kannst, und setze diese um.

„Solidarität heißt, ein fremdes Problem zu seinem eigenen zu machen."
Kuno Klamm

Praxis: Mit wem oder was hast du dich solidarisiert?
Wie erlebst du deine Gefühle der Solidarität gegenüber anderen?

47. Teamspirit

Teamspirit ist Ausdruck einer Gruppe, die durch eine starke Gruppenkohäsion geprägt ist. Der Begriff setzt sich aus Team (engl. = Familie) und spirit (Geist) zusammen. Die Fragen, was ein Team wirklich auszeichnet und welche Wirkungen gute Teams z. B. in Unternehmen und im Sport haben können, waren bisher eher selten ein Gegenstand der traditionellen Gruppenpsychologie. Sie sind für die Positive Psychologie attraktiv, zumal auf wertvollen Erkenntnissen der Gruppendynamik aufgebaut werden kann.

Ein in der Praxis bewährter Ansatz ist das Modell nach Tuckman, nach dem der Teamprozess in fünf Phasen verläuft: Forming (Findungsphase), Storming (Konfliktphase), Norming (Kontraktphase), Performing (Enfaltungsphase) und Transforming bzw. Adjourning (Trennungsphase).

Dabei stellt jede Phase an die Führung anspruchsvolle Herausforderungen, die u. a. Moderation, Mediation und Coaching erfordern.

> **ÜBUNG**
>
> **Wir-Gefühle kultivieren**
>
> Auch du gehörst sicher einigen Teams an. Sowohl eine Sportgruppe als auch Kollegen auf der Arbeit oder eine Clique aus Freunden können wie ein Team zusammenhalten. Um den Spirit deines Teams zu fördern, kannst du selbst aktiv werden. Überlege dir, in welchen Momenten sich dein Team bisher am stärksten verbunden gefühlt hat.
>
> Was habt ihr in diesen Momenten gemacht? Worüber wurde gesprochen? Gab es einen „Auslöser" für diese Verbundenheit?
>
> Häufig sind es einfache Momente der Menschlichkeit, in denen wir uns besonders verbunden fühlen, zum Beispiel, wenn ein „Team-Tag" zelebriert wird, wenn jemand Geburtstag oder einen besonderen Anlass zu feiern hat oder gemeinsam Krisen überwunden werden.
>
> Du kannst diese Momente bewusst hervorrufen, wenn du dir darüber klar bist, was dein Team braucht, um ein Gefühl von Zusammenhalt und gegenseitiger Unterstützung zu spüren. Werde kreativ und übernimm Verantwortung für dein Team!

> *„Du gewinnst nie alleine."*
> *Mika Häkkinen*

Praxis: Was hast du gemacht, um den Teamspirit zu stärken?
Welche Folgen hatte diese Aktion?

48. Toleranz

Toleranz (lat. tolerare = ertragen) ist ein Begriff, der in vielen Disziplinen eine Rolle spielt (z. B. Medizin, Chemie, Ökologie oder Statistik), besonders in der Philosophie, Religion, Politik und Psychologie – historisch von Humanismus und Aufklärung aus der Notwendigkeit entstanden, ein friedliches gesellschaftliches Zusammenleben zu ermöglichen.

Sozialpsychologisch wird Toleranz definiert als „bewusste Entscheidung, das Einmischen in für sich zu missbilligende Verhaltensweisen zu unterlassen, obwohl man die Möglichkeit dazu hat" (Horton). Im Gegensatz zur Akzeptanz als positive Beachtung von anderen Überzeugungen, die nicht nur geduldet, sondern auch anerkannt werden, enthält Toleranz immer auch eine Ablehnung.

Zur Förderung von Toleranz besagt die Kontakt-Hypothese von Allport, dass regelmäßiger Kontakt zu Personen anderer Gruppen Toleranz stärken kann. Popper (1945) plädiert aufgrund der Erfahrung des Faschismus jedoch für ein Toleranz-Paradoxon: „Im Namen der Toleranz sollten wir uns das Recht vorbehalten, die Intoleranz nicht zu tolerieren."

ÜBUNG

Kreise der Toleranz

Die Linie zwischen Toleranz und Intoleranz kann manchmal sehr fein sein. Umso wichtiger ist es, sich selbst darüber bewusst zu werden, wo diese Linie liegt. Male für diese Übung zwei Kreise, die sich leicht überschneiden. Schreibe über den einen „Toleranz" und den anderen „Intoleranz".

Beantworte nun für den „Kreis der Toleranz" folgende Frage und schreibe die Antworten in den Kreis: Was in deinem Leben tolerierst du, also nimmst du hin, obwohl es dir eigentlich nicht gefällt? In welchen Lebensbereichen fühlst du häufig eine Spannung, weil deine Bedürfnisse übergangen werden?

Widme dich nun dem „Kreis der Intoleranz" und beantworte hierfür folgende Frage: Wo in deinem Leben spürst du Intoleranz? In welchen Momenten sprichst du klar aus, dass du etwas nicht tolerierst?

Erfährst du Intoleranz auch von anderen Menschen dir gegenüber? Wie verhältst du dich in diesen Momenten? Nimmst du sie hin oder wehrst du dich dagegen?

„Toleranz ist gut, aber nicht gegenüber den Intoleranten."

Wilhelm Busch

Praxis: Was steht in deinen beiden Kreisen der Toleranz bzw. Intoleranz? Was möchtest du möglicherweise verändern?

49. Vertrauen

Vertrauen ist nach Jackson der Glaube, dass ein anderer Mensch für einen irgendwann das tut, was man für ihn getan hat. Mit Beginn der Neuzeit wird Vertrauen zunehmend als Vertrauen in eigene Fähigkeiten gesehen (Selbst-Vertrauen). Vertrauen setzt Risikobereitschaft und Reziprozität voraus.

Aus psychologischer Sicht ist Vertrauen eine entscheidende Dimension der Identitätsbildung. In der Herausbildung eines Urvertrauens sieht Erikson die Grundlage einer gesunden Persönlichkeitsentwicklung, was für die gesamte Lebensspanne bedeutsam bleibt.

Langzeitstudien zeigen, dass Vertrauen in Beziehungen einen starken Einfluss auf die Gesundheit hat. Auch im Arbeitsleben fördert Vertrauen die Entfaltung von Kreativität und Innovation. Soziologisch sieht Luhmann im Vertrauen einen Mechanismus von Komplexitätsreduktion, ohne den wir „morgens nicht unser Bett verlassen könnten".

> **ÜBUNG**
>
> **Vertrauensvorschuss**
>
> Wann hast du das letzte Mal einem Menschen einen Vertrauensvorschuss gegeben? Das bedeutet, dass du dieser Person trotz Zweifel Vertrauen entgegengebracht und sie damit zum positiven Handeln angeregt hast.
>
> Gerade in Bereichen des Lebens, in denen wir Verletzungen erlebt haben und enttäuscht wurden, fällt es uns schwer, Vertrauen aufzubringen. Doch ein ungerechtfertigtes Misstrauen kann bei unserem Gegenüber dazu führen, dass dieser genau das Verhalten zeigt, welches wir eigentlich vermeiden wollten (eine „selbsterfüllende Prophezeiung" tritt ein).
>
> Rufe dir für diese Übung eine Situation, einen Lebensbereich oder einen bestimmten Menschen in die Gedanken, für die du über deinen eigenen Schatten springen und einen Vertrauensvorschuss geben möchtest. Das bedeutet: Du entscheidest dich bewusst dafür, zu vertrauen, um die Chance für eine Veränderung zu geben.
>
> Schreibe anschließend auf, wie es sich angefühlt hat, zu vertrauen, und ob sich dadurch etwas geändert hat.

„Nichts kann den Menschen mehr stärken als Vertrauen, das man ihm entgegenbringt."
Paul Claudel

Praxis: In welchen Bereichen deines Lebens könntest du deinen Mitmenschen mehr Vertrauen entgegenbringen? Wie fühlt es sich an, dies zu tun?

50. Zivilcourage

Sozialpsychologisch wird unter Zivilcourage ein öffentlich gezeigtes prosoziales Verhalten zugunsten von schwächeren Dritten verstanden, oft auch in einer akuten Notsituation mit dem Risiko von negativen Konsequenzen. Zivilcourage geschieht in Situationen, in denen zentrale Werte und Normen wie Menschenwürde oder Integrität einer Person verletzt werden. Zivilcourage erfordert Mut.

Während die traditionelle Psychologie etwa zehnmal so viele Untersuchungen über Aggressionen und Gewalt unternahm, gilt Zivilcourage als ein „Aushängeschild" der Positiven Psychologie.

So widmet sie sich auch einer besseren Welt, in der Menschen verantwortungsbewusst handeln, um diejenigen nicht im Stich zu lassen, die Opfer von Ungerechtigkeit und Gewalt werden. Zivilcourage kann in unterschiedlichen Räumen auftreten, wie der Privatsphäre, in der beruflichen Sphäre und in öffentlichen Räumen unserer Medien und Gesellschaft.

> **ÜBUNG**
>
> **Zivilcourage leben**
>
> Wenn Menschen Zivilcourage zeigen, sich also für Opfer von Gewalt oder Belästigung einsetzen, mit der Gefahr, eventuell selbst Schaden zu nehmen, durchlaufen sie verschiedene Phasen, die auch sehr schnell aufeinander folgen können.
>
> Zivilcourage beginnt damit, hinzuschauen oder hinzuhören, also aufmerksam zu werden, wenn etwas schiefläuft. Wenn nun wahrgenommen wird, dass ein Notfall besteht, fragen sich die Beteiligten in der Regel, ob sie zuständig dafür sind, einzugreifen, und ob sie bereit sind, Verantwortung zu übernehmen. Ist dies der Fall, wird alles Wissen darüber gesammelt, was zu tun ist, und Hilfeleistung gegeben.
>
> Sicherlich hast auch du schon einige Male diese Phasen durchlaufen und beim Lesen sind dir vielleicht vergangene Situationen in den Kopf gekommen. Denke daran, dass Zivilcourage keine großen Aktionen benötigt, sondern schon im Kleinen beginnt.
>
> Hinzuhören, hinzuschauen und anzusprechen, wenn Menschen ungerecht behandelt werden, ist gelebte Zivilcourage und kann tagtäglich geübt werden.

„Das Gesetz ändert sich, das Gewissen nicht."

Sophie Scholl

Praxis: In welchen Momenten hast du Zivilcourage gelebt?
Wie hast du die einzelnen Phasen wahrgenommen?

III. Übungen zur Entwicklung

„Wandlung ist notwendig wie die Erneuerung der Blätter im Frühling."

Van Gogh

Still und heimlich entwickeln wir uns jeden Tag weiter, ohne dass wir es bewusst bemerken. Wer es wahrnehmen möchte, braucht Momente des Innehaltens. Manche Menschen scheinen sich mehr entwickeln zu wollen als andere. Doch „wer immer tut, was er schon kann, bleibt immer das, was er schon ist" (Henry Ford).

Dabei scheint Entwicklung ein wichtiger Zweck des Lebens zu sein: „Das Leben selbst ist Entwicklung – also ist das Leben selbst Zweck" (Georg Büchner). Lernen wir von der Natur: „Der Ozean kennt keine völlige Ruhe. Dies gilt auch für den Ozean des Lebens" (Mahatma Gandhi).

Die Entwicklungspsychologie gehört zu den Basisdisziplinen der Psychologie. Sie beschäftigt sich mit unseren Veränderungen von der Wiege bis zur Bahre – die moderne Pränatale Psychologie sogar auch mit den neun Monaten zuvor.

Allerdings limitierte sich die Entwicklungspsychologie lange Zeit gleich in doppelter Hinsicht: Einerseits durch die Annahme, dass Entwicklung fast ausschließlich im Kindes- und Jugendalter stattfinde, andererseits durch die bevorzugte Konzentration auf Entwicklungsstörungen in Kooperation mit der Klinischen Psychologie, u. a. in der Psychopathologie.

Seit Ende des 20. bzw. Anfang des 21. Jahrhunderts ist jedoch auch hier ein Perspektivwechsel zu beobachten. Im Sinne der „life span psychology" geht Paul Baltes von einer lebenslangen Entwicklung aus. Er konnte nachweisen, dass Weiterentwicklungen auch noch im Alter möglich sind. Manche Phänomene entfalten sich sogar erst im Alter zur vollen Blüte, wie zum Beispiel Weisheit.

Eng verbunden mit dieser Horizonterweiterung ist auch das Forschungsinteresse der Positiven Psychologie, basierend auf der Erkenntnis, dass wir uns lebenslang auf vielen Gebieten auch in positive Richtungen entwickeln können. Inzwischen gibt es erste entsprechende akademische Lehrbücher mit Titeln wie *Positive Entwicklung – zur Psychologie gesunder Lebensführung* (Brandstätter), die Themen wie Sinn, Sehnsucht, Gelassenheit, Empathie, Vertrauen, Wohlbefinden und Weisheit behandeln.

Wie wir schon gesehen haben, gibt es viele Themen, die Entwicklungsaspekte auch mit Fragen unserer Gesundheit und Beziehungen verbinden.

Darüber hinaus möchten wir in diesem Abschnitt 20 weitere Themen vorstellen, die wir speziell in ihrer Entwicklungsdynamik in Theorie und Praxis betrachten wollen.

Wir starten mit A wie Askese und Autonomie, gefolgt von Charisma, Disziplin und einer vertiefenden Reflexion von Entwicklung. Danach geht es um Flow und Führung, Intelligenz, Kreativität und Kunst. Entwicklung bedeutet auch Lernen, Motivation, Mut und Offenheit. Entwicklung stärkt die Persönlichkeit und manchmal auch die Rhetorik. Ein Schlüssel dabei ist Selbstreflexion sowie Erfahrungen von Selbstwirksamkeit, Wachstum und Zukunftsfähigkeit.

Selbstreflexion als Schlüssel ist auch ein Grundprinzip für zahlreiche Übungen, wie z. B. „Das gewisse Etwas", „Entwicklungen erkennen", „Lustvolles Lernen", „Die Warum-Frage", „Buch des Lebens" oder „Selbst wirksam sein".

Manche Übungen bieten eine Mischung aus Reflexion und Aktion. Beispiele sind „Autonome Zeit", „Führung übernehmen", „Intelligenz ausbauen" und „positive Rhetorik".

Schließlich gibt es in diesem Abschnitt auch eine Reihe von direkt aktivierenden Übungen. Allen, die gleich ins Handeln kommen wollen, empfehlen wir Übungen wie „Digitaler Detox", „Flow-Gefühle erleben" „Kunst entdecken" oder „Ängste überwinden".

Die durchschnittliche Lebenserwartung in Deutschland beträgt heute über 80 Jahre (Frauen im Schnitt 84 Jahre, Männer 79 Jahre, wobei der Vorsprung so langsam schmilzt). Das entspricht ungefähr einer stolzen Lebenszeit von 1000 Monaten. In diesen etwa 30.000 Tagen kann viel passieren. Die 20 Übungen auf den folgenden Seiten laden dazu ein, diese Zeit bewusst zu erleben, um sich jeden Tag ein wenig weiterentwickeln zu können. Wer sich allen Übungen widmet, wird wahrscheinlich im Laufe der Zeit über den einen oder anderen Entwicklungssprung schmunzelnd staunen.

Alle, die möglicherweise noch ein wenig zögernd oder zweifelnd über die Frage sinnieren, ob Entwicklung und Veränderungen nicht vielleicht auch mit zu viel Stress verbunden sind, seien zur Ermutigung an den Liedermacher Wolf Biermann erinnert – mit einem Lächeln und seinem Credo: „Nur wer sich ändert, bleibt sich treu."

51. Askese

Askese gehört zu den Begriffen, die heute einen altmodischen und unbequemen Beigeschmack haben. Schließlich bedeutet Askese auch Verzicht, was die meisten Menschen nicht so gern wollen. Oft bezieht sich Askese auf die Bereiche Genussmittel und Sexualität oder den freiwilligen Verzicht auf Besitz.

Im eigentlichen Sinne war Askese vor allem eine Übung, um innerlich zu wachsen. So spielt Askese sowohl in allen Weltreligionen als auch in der Philosophie eine große Rolle und wird dabei stets positiv bewertet.

Im Zeitalter des materiellen Überflusses erlebt die Idee des Minimalismus heute eine Renaissance. So wirbt der Berliner Philosoph Wilhelm Schmid für die Neubegründung einer Philosophie der Lebenskunst zur Einübung von Selbstmächtigkeit. Damit einher ginge zum Beispiel auch die Macht über die Macht der Technik, um ihr nicht ohnmächtig unterworfen zu sein, sondern zu einem reflektierten und zurückhaltendem Umgang kommen zu können.

> **ÜBUNG**
>
> **Digitaler Detox**
>
> Wenn du auf etwas verzichtest, was bei dir grundsätzlich keinen großen Schaden anrichtet, mag es sich im ersten Moment paradox anfühlen, doch wirst du schnell merken, wie gut es tut. Ein für heutige Zeiten sinnvoller, wohltuender und herausfordernder Verzicht ist der „Digitale Detox".
>
> Obwohl es viele Technologien wie das Smartphone noch gar nicht lange gibt, schauen Menschen heute täglich etwa hundertmal auf ihr Gerät. Um das Verhalten gegenüber der Technik besser reflektieren zu können und offen für andere Möglichkeiten der Beschäftigung zu werden, wird empfohlen, den technischen Konsum zumindest für eine gewisse Zeit einzuschränken.
>
> Einen digitalen Detox kannst du ganz auf deine persönliche Situation zuschneiden, indem du die Dauer und Art der Einschränkung festlegst. Es besteht zum Beispiel die Möglichkeit, einen Tag lang komplett auf technische Geräte zu verzichten. Asketisch wäre auch, die Verwendung bestimmter Apps oder Programme zu beenden, bei denen deine Nutzung sehr unkontrolliert abläuft.
>
> Setze dir eine Herausforderung, aber passe die Übung an deinen Alltag an, sodass du sie realistisch umsetzen kannst!

„Wer verzichtet, gewinnt."

Lao Tse

Praxis: Auf was hast du wann verzichtet? Wie hast du diese Erfahrung erlebt?

52. Autonomie

Autonomie bedeutet Selbstgesetzgebung bzw. Selbstbestimmung. In der Antike wurde Autonomie in der politischen Philosophie mit Freiheit und Unabhängigkeit assoziiert. Das „Prinzip der Autonomie" legt fest, Menschen mit ihrem Willen zu respektieren.

Autonomie ist auch Gegenstand diverser sozialpsychologischer Theorien wie der Reaktanztheorie, nach der die Einengung von Autonomie zu Widerstand führen kann, der sich z. B. durch Aggressionen ausdrückt. Nach der „Triple-S-Bedingung" gibt es drei Voraussetzungen für Autonomie: affirmatives Selbstvertrauen, positionelle Selbstbehauptung sowie eine evaluative Selbstwertschätzung.

Die Förderung von Autonomie kann gesellschaftlich positiv wirken, z. B. in Erziehung und Bildung durch das „Prinzip Ermutigung" oder in der Wirtschaft durch Förderung von humanen Arbeitsbedingungen. Autonomie erhöht die Wahrscheinlichkeit für mehr Motivation, Engagement und Wohlbefinden sowie weniger Burnout-Symptome. In diesem Sinne ist Autonomie in einem gesunden Ausmaß ein lohnenswertes Ziel für Menschen mit sozialer Verantwortung.

> **ÜBUNG**
>
> **Autonome Stunde**
>
> Völlige Autonomie ist nicht in allen Momenten des Lebens möglich. Dennoch kannst du dir bewusst Zeiträume schaffen, in denen du selbstbestimmt Dinge tust, die dir Freude bereiten, und damit das Gefühl von Autonomie stärken. Es ist nur eine Frage der Organisation, den Freiraum im Alltag zu schaffen.
>
> Um die positiven Effekte von autonom verbrachter Zeit zu spüren, laden wir dich dazu ein, eine Stunde in der Woche zu reservieren, die du nur mit dir selbst verbringst, um Dinge zu tun, die dir Freude bereiten. Trage deine „Stunde der Autonomie" rechtzeitig in den Kalender ein und halte daran fest, auch wenn andere Termine sich aufdrängen, denn schließlich bist du mit dir selbst verabredet.
>
> Versuche, den Inhalt der Stunde nicht im Voraus zu planen (also vermeide es in dieser Zeit, eine To-do-Liste abzuarbeiten), sondern lass dich überraschen, wozu du spontan Lust hast. Diese Stunde ist ein Geschenk von dir für dich.

„Wer seinen eigenen Weg geht, kann von niemandem überholt werden."
Marlon Brando

Praxis: Wann hast du dir deine autonome Stunde gegönnt? Wie hast Du sie erlebt?

53. Charisma

Charisma (griechisch = Gnadengabe) ist ein geheimnisvoller Begriff, der in seiner alltagssprachlichen Verwendung vor allem mit Ausstrahlung übersetzt wird. Interdisziplinär und historisch hat er unterschiedliche Bedeutungen. In der christlichen Tradition ist Charisma etwas von Gott Geschenktes, was mit Weisheit und Erkenntnis einhergeht. In der Soziologie hat Weber die charismatische Herrschaft als eine Variante von Führung identifiziert.

In der Wirtschaftspsychologie und Managementwissenschaft ist Charisma als Führungsstil auch empirisch untersucht worden. Führungskräfte werden dann als charismatisch wahrgenommen, wenn sie eine attraktive Vision vermitteln, als Vorbild dienen, ihre Mitarbeiter herausfordern und zu besonderen Leistungen inspirieren, ihre persönlichen Stärken weiterentwickeln und zu kreativen Problemlösungen anregen.

Charismatische Führung lebt von der Identifikation der Mitarbeiter mit der Führung.

Daraus resultiert eine große Verantwortung. Aus Sicht der Positiven Psychologie ist die Förderung von Charisma ein attraktives Ziel zur Persönlichkeitsentfaltung.

> **ÜBUNG**
>
> **Das gewisse Etwas**
>
> Jeder Mensch ist fähig, eine charismatische Ausstrahlung zu entwickeln, die wir als Kinder von Natur aus hatten. Ein Schritt in diese Richtung ist die Bewusstwerdung unserer eigenen Besonderheit. Menschen, die sich ihrer Individualität bewusst sind, werden von anderen eher als charismatisch wahrgenommen. Charismatische Menschen wissen, wo ihre Stärken (und auch ihre Schwächen) liegen, und stehen zu sich selbst.
>
> Auch du kennst sicherlich Menschen, die dich mit ihrer Ausstrahlung beeindrucken. Was genau findest du an diesen Menschen anziehend? Was haben sie gemeinsam? Welche Fähigkeiten siehst du in ihnen, die du vielleicht noch nicht besitzt? Nutze diese Vorbilder als Spiegel für dich selbst. Was du in ihnen als „Besonderheit" entdeckst, kannst auch du entwickeln, wenn du es für erstrebenswert hältst.
>
> Über welche deiner Eigenschaften möchtest du dir bewusster werden und welche Fähigkeiten kannst du entwickeln, um dein Charisma zu stärken?

„Wir wurden alle als Original geboren, doch die meisten Menschen sterben als Kopie."

unbekannt

Praxis: Was ist dein einzigartiges Originalmerkmal unter sieben Milliarden Menschen? Was hast du bei der Reflexion der charismatischen Ausstrahlung anderer herausgefunden?

54. Disziplin

Im psychologischen Sinne wird Disziplin intrinsisch als Selbstdisziplin von der extrinsischen Disziplin im Sinne von Gehorsam abgegrenzt. Selbstdisziplin meint weniger das Einhalten von Vorschriften als das Beherrschen bzw. die Steuerung des eigenen Willens. Eigenkontrolliertes Verhalten ist in der Lage, Anstrengungen aufzuwenden, die der Ablenkung von Zielen entgegenwirken.

Langzeitstudien zeigen, dass die Selbstdisziplin in der Kindheit den späteren Erfolg im Leben gut voraussagen kann. Berühmt wurde der Marshmallow-Test des Psychologen Walter Mischel mit Kindern Anfang der 1970er-Jahre an der Stanford-University. Die Kinder, die auf sofortige Belohnungen verzichten konnten, hatten später bessere Schulnoten, stabilere Beziehungen und nahmen weniger Drogen.

Selbstdisziplin kann durch Coaching gefördert werden, wenn Ziele und Erfolg visualisiert werden. Selbstdisziplin fördert auch Wohlbefinden und Moral.

> **ÜBUNG**
>
> ### Eine Herausforderung
>
> Wir alle wollen bestimmte Ziele in unserem Leben erreichen, aber nicht immer bringen wir die nötige Disziplin dazu auf, um alles umzusetzen, was wir uns vorgenommen haben. Wenn du deine Selbstdisziplin mit Freude steigern möchtest, können zwei Dinge besonders hilfreich sein: ein guter Plan und eine Belohnung, für die es sich zu kämpfen lohnt.
>
> Für diese Übung laden wir dich dazu ein, einen Monat eine von dir selbst gestaltete Herausforderung anzugehen. Setze dir ein Ziel, das du in einem Monat erreicht haben möchtest (z. B. 100 Euro sparen oder täglich 15 Minuten meditieren) und mache dir einen konkreten Plan, welche Schritte nötig sind, um dieses Ziel zu erreichen.
>
> Nun folgt der schönste Teil: die Belohnung. Überlege dir schon vorher, welche Belohnung auf dich wartet (z. B. eine Massage oder ein Kinobesuch), wenn du die Herausforderung erfolgreich abschließen wirst.
>
> Behalte diese Belohnung im Hinterkopf, wenn es dir schwerfällt, die nötige Selbstdisziplin für deine Challenge aufzubringen.

„Die Entfernung zwischen deinen Träumen und der Realität nennt man Disziplin."

unbekannt

Praxis: Was war deine Herausforderung des Monats? Wie hast du dich belohnt? Welche Empfindungen haben dich begleitet?

55. Entwicklung

Entwicklung bezog sich ursprünglich auf das Auseinanderrollen einer Buchrolle als äußeren Prozess. Heute wird Entwicklung auch als innere Entfaltung wahrgenommen, welche grundsätzlich nicht limitiert ist. Wissenschaftlich beschäftigt sich die Entwicklungspsychologie mit den intra-individuellen Veränderungen im Erleben und Verhalten des Menschen sowie mit den interindividuellen Unterschieden der Veränderungen im menschlichen Lebenslauf, traditionell von der Wiege bis zur Bahre.

Lange Zeit beschränkte sie sich jedoch ausschließlich auf die Phasen Kindheit und Jugend, ausgehend von der Annahme, dass die Entwicklung mit dem Erwachsensein abgeschlossen sei. In jüngerer Zeit wurde der Zeitraum von Entwicklungspotenzialen erweitert, was sich sowohl in den faszinierenden Forschungen zur Pränatalen Psychologie zeigt als auch im Interesse an Gerontologie, wobei im Alter zunehmend auch die positiven Seiten gesehen werden.

ÜBUNG

Entwicklung erkennen

Auch wenn es uns oft nicht so erscheint, entwickeln wir Menschen uns jeden Tag weiter. Wir machen Erfahrungen, begegnen anderen Menschen, lesen, hören und sehen Dinge, die unsere innere Welt verändern. Um diesen Entwicklungsprozess bewusster wahrzunehmen, kannst du in regelmäßigen Abständen deine eigene Entwicklung reflektieren, zum Beispiel am Ende jedes Monats.

Dafür sind folgende Fragen hilfreich:
- Welche Momente sind dir in diesem Monat am stärksten in Erinnerung geblieben?
- Was waren die größten Lektionen, die du in diesem Monat gelernt hast?
- Inwiefern bist du anders als im Vormonat?
- Wie würdest du deine Entwicklung in einem Wort zusammenfassen?

Natürlich lohnt es sich, auch deine persönlichen Meilensteine der Entwicklung rückwirkend zu bilanzieren, zum Beispiel im Rhythmus von Jahren oder Jahrzehnten. Du wirst erstaunt sein, wie stark du dich entwickelt hast!

*„Es sind nicht die Jahre deines Lebens, die zählen –
was zählt, ist das Leben innerhalb der Jahre."*

Abraham Lincoln

Praxis: Wie fühlen sich deine Entwicklungsreflexionen an? Was konntest du daraus lernen?

56. Flow

Flow nennt sich ein psychologischer Zustand, der insbesondere vom Psychologen Csikzentmihalyi intensiv erforscht wurde. Flow ist ein beglückend erlebtes Gefühl eines mentalen Zustands der Vertiefung und des Aufgehens in einer Tätigkeit. Das Flow-Erleben wurde zunächst für einige körperliche Tätigkeiten vor allem von Sportlern untersucht, später auch für rein geistige Tätigkeiten. Zu den Beispielen gehören Marathonläufer, Chirurgen oder Schachspieler. Das Empfinden von Flow-Gefühlen ist auch physiologisch messbar, z. B. an Veränderungen der Herzfrequenz.

Ein Flow-Zustand wird klassisch in der optimalen Balance zwischen Überforderung und Unterforderung erlebt. Dabei sollte eine Aufgabe die individuellen Kräfte stark herausfordern, aber als gerade noch machbar wahrgenommen werden. Zu typischen Eigenschaften einer Flow-Situation gehören starke Konzentration, Zielgerichtetheit sowie der Verlust des Zeitgefühls.

Flow erzeugt oft nachhaltig positive Gefühle, so dass er auch sporttherapeutisch gegen Depressionen induziert wird.

> **ÜBUNG**
>
> **Flow-Gefühle erleben**
>
> Ein Flow-Erlebnis lässt sich nicht erzwingen. Allerdings kann die Wahrscheinlichkeit durch gute Bedingungen erhöht werden. Um in den richtigen „Flow" zu kommen, ist es essenziell, dir einen ruhigen Ort zu schaffen, an dem du ablenkungsfrei deiner Tätigkeit nachgehen kannst. Das bedeutet zum Beispiel, dein Handy beiseite zu legen und möglichst wenig Hintergrundgeräusche oder Störungen durch Gespräche mit anderen Menschen zuzulassen.
>
> Wenn du unter dem Druck stehst, ständig mit anderen Menschen kommunizieren zu müssen (z. B. auf der Arbeit), kann es hilfreich sein, einen bestimmten Zeitraum festzulegen, in dem du dich nur deiner Flow-Tätigkeit widmest.
>
> Zusätzlich kann ein Flow dadurch erzeugt werden, dass du dich an einen anderen, unbekannten Ort begibst (z. B. ein Café, das du noch nicht kennst) und dich deiner Aufgabe widmest. Die neue, unbekannte Situation sorgt für einen erhöhten Fokus.

„Alles fließt."
Heraklit

Praxis: Konntest du Flow-Gefühle erleben? Wie ging es dir dabei?

57. Führung

Führung von Menschen ist eine verantwortungsvolle Aufgabe – sei es die Führung von Kindern in der Erziehung oder die von Mitarbeiterinnen und Mitarbeitern in einem Unternehmen im Sinne von Personalführung. Die Macht der Führung wurde und wird immer wieder auf üble Art und Weise missbraucht, wie nicht nur unsere politische Geschichte, sondern auch das in der Arbeitswelt weit verbreitete Phänomen Mobbing zeigt.

In der Führungsforschung gibt es viele Führungstheorien, die bis heute noch nicht zu einem einheitlichen Konzept geführt haben. Ebenso vielfältig sind die seit Mitte der 1950er-Jahre von Lewin postulierten Führungsstile. Hierzu zählen klassischerweise der autoritäre, demokratische und Laissez-faire-Führungsstil.

Unter dem Titel „Positive Leadership" beschäftigt sich die Positive Psychologie mit der Frage, auf welche Art und Weise Führung die Emotionen und Leistungen der Geführten positiv beeinflussen kann. Dabei werden die Methoden auch von großen Unternehmen angewandt, um eine positive Unternehmenskultur zu fördern. Hier sind ethische Fragen entscheidend, bei denen es um die Umsetzung von fundamentalen Werten geht.

> **ÜBUNG**
>
> **Führung übernehmen**
>
> Egal, ob im Beruf oder Alltag: Jeder Mensch bekommt Gelegenheiten, um Führung zu übernehmen und dadurch seine Führungsqualitäten weiter zu entwickeln. Um deine eigene Art der Führung zu reflektieren, rufe dir eine Situation in den Kopf, bei der du die Rolle des Führenden übernommen hast oder immer noch übernimmst.
> - War diese Situation bei der Arbeit oder im Kontext der Freizeit?
> - Wie hast du deine führende Rolle in der Situation zum Ausdruck gebracht?
> - Wie würdest du deinen Führungsstil beschreiben?
> - Wie waren die Reaktionen deiner Mitmenschen auf deine Art der Führung?
> - Was lief gut und was kannst du noch verbessern?
>
> Schreibe dir die Antworten auf die Fragen auf und nutze die nächste Gelegenheit, in der du Führung übernehmen kannst, um deine Art der Führung weiter zu beobachten und zu verbessern.

„Führung ist die Kunst, den Schlüssel zu finden, der die Schatztruhe des Mitarbeiters öffnet."

Anselm Grün

Praxis: Wann und wo hast du Führung übernommen?
Was möchtest du an deinem Führungsstil weiter entwickeln?

58. Intelligenz

Intelligenz bezeichnet klassischerweise die kognitive bzw. geistige Leistungsfähigkeit von Menschen. Die Intelligenzforschung gehört zu den bekanntesten Feldern der traditionellen Psychologie seit Beginn des 20. Jahrhunderts. Dabei versucht der sog. IQ-Test, die kognitiven Fähigkeiten von Menschen zu erfassen.

Doch ist Intelligenz nur das, was ein IQ-Test misst? Die klassischen IQ-Tests können lediglich verbale, mathematische und räumliche Kompetenzen erfassen. Enzensberger bilanziert: „Wir sind nicht intelligent genug, um zu wissen, was Intelligenz ist."

Im Geiste Positiver Psychologie kann das Modell der multiplen Intelligenzen nach Gardner verstanden werden – basierend auf der Annahme, dass wir mehr Fähigkeiten haben, z. B. musikalische, körperliche, naturalistische, spirituelle sowie intra- und interpersonale Intelligenz. Letztere wurde auch als emotionale und soziale Intelligenz bekannt, über die hochsensible Menschen in besonderem Ausmaß verfügen.

> **ÜBUNG**
>
> **Intelligenz ausbauen**
>
> In welchen Bereichen des Lebens fühlst du dich besonders intelligent? Wo bemerkst du, dass du deine Stärken einsetzen kannst und möglicherweise bessere Leistungen als andere Menschen vollbringst?
>
> Auch wenn manche dieser Bereiche nicht der typischen Definition von Intelligenz entsprechen (z. B. im Sport oder im Umgang mit anderen Menschen), können sie sehr wertvoll sein und deine Einzigartigkeit ausmachen.
>
> Suche dir für diese Übung einen Bereich deines Lebens, in dem du deine vorhandene Intelligenz weiter ausbauen möchtest. Werde dir bewusst darüber, was du über deine bisherigen Fähigkeiten hinaus lernen möchtest und lies dafür z. B. Bücher oder besuche Kurse.
>
> Sei intelligent und stärke deine eigene Intelligenz!

„Gott hat der Intelligenz des Menschen Grenzen gesetzt, der Dummheit nicht."
Elbert Hubbart

Praxis: In welchem Bereich bist du besonders intelligent?
Was tust du, um deine Intelligenz auszubauen?

59. Kreativität

Kreativität (lat. creare = schaffen, zeugen, wachsen) meint die Eigenschaft eines Menschen, schöpferisch oder gestaltend tätig zu sein. Man unterscheidet zwischen alltäglicher und außergewöhnlicher Kreativität.

Es gibt drei Grundannahmen zur Erklärung von Kreativität – sie ist entweder ein besonders hohes Niveau des Denkens, das nur wenigen Menschen zugänglich ist (skeptischer Ansatz), sie kann erlernt werden, z. B. durch Kreativitätstechniken (optimistischer Ansatz), oder sie existiert seit der Geburt und muss nur freigelegt werden (humanistischer Ansatz).

Die Positive Psychologie möchte Kreativität fördern und versucht, die beiden letztgenannten Ansätze zu verbinden, wobei vor allem der humanistische Ansatz hilfreich ist. So konnte Fredrickson nachweisen, dass Menschen, die durch fröhliche Musik in positive Stimmungen gebracht wurden, mehr kreative Lösungen bei einer Aufgabe fanden als Menschen, die zuvor keine oder traurige Musik gehört hatten.

Auch Joy Paul Guilford als Pionier der Kreativitätsforschung geht davon aus, dass alle Menschen ein großes kreatives Potential besitzen. Besonders kreative Menschen zeichnen sich nach Guilford durch Merkmale wie Sensitivität, Flexibilität und Originalität aus. Studien zeigen, dass kreative Menschen vor allem autonom, selbstbewusst und offen für neue Erfahrungen sind.

> **ÜBUNG**
>
> **Ein kreatives Projekt**
>
> Bei der Kreativität ist alles erlaubt. Kreativität braucht Freiraum, Zeit und Spontanität. Um dich in der Fähigkeit zu üben, kannst du dein ganz persönliches kreatives Projekt starten.
>
> Suche dir für diese Übung eine Tätigkeit, die dir viel Spaß macht, und versuche mehr Kreativität in diese Aktivität fließen zu lassen. Malen, zeichnen, schreiben, tanzen, Fotos machen, Fotocollagen erstellen – alles kann zu einem kreativen Prozess werden, wenn du es zulässt.
>
> Wie könntest du deine Fotos noch kreativer gestalten? Wie würdest du tanzen, wenn alle Bewegungen erlaubt sind und keiner zuschaut? Welche Gedanken schwirren in deinem Kopf herum, die du noch nie zu Papier gebracht hast?
>
> Gönne dir regelmäßig diesen Freiraum und du wirst feststellen, wie viel kreatives Potenzial in dir steckt!

*„Gedanken wollen oft wie Kinder und Hunde,
dass man mit ihnen im Freien spazieren geht."*

Christian Morgenstern

Praxis: Welches kreative Projekt hast du gestartet?

60. Kunst

Kunst hat in der Schule das Image von einem Nebenfach, das nicht so bedeutsam wie andere Fächer ist. Aus Sicht der Psychologie wird der Bedeutung von Kunst jedoch ein sehr hoher Wert beigemessen.

Kunstpsychologie wird häufig mit Kunsttherapie in Verbindung gebracht, wo vor allem mit Medien der bildenden Kunst gearbeitet wird. Hier können Patienten therapeutisch begleitet innere und äußere Bilder artikulieren und dabei sinnliche Wahrnehmungen und kreative Fähigkeiten ausbilden, u. a. in Krankenhäusern, Seniorenheimen und Gefängnissen.

Der Nutzen des künstlerischen Ausdrucks für den Genesungsprozess und in der Bewältigung chronischer gesundheitlicher Probleme wurde vielfach belegt, zum Beispiel für den Umgang mit Stress bei Krebs oder Depressionen. Kunst wirkt wie Medizin, wenn Menschen nach einem traumatischen Erlebnis die Worte fehlen.

Studien konnten auch bei gesunden Menschen positive Wirkungen künstlerischer Betätigung nicht nur zur Stärkung von Resilienz und Stress-Resistenz nachweisen, sondern auch deren Einfluss auf unser Gehirn. So führt intensives Zeichnen zu einer Steigerung der neuronalen Verbindungen. Kunst-Coaching kann auf diese Weise dem Nachlassen geistiger Leistungen im Alter entgegenwirken oder Menschen kreativ zu neuen Einsichten verhelfen.

ÜBUNG

Kunst neu entdecken

Kunst liegt im Auge des Betrachters. Was betrachtest du als Kunst? Begib dich auf eine Reise durch die Faszinationen der Kunst und wage etwas komplett Neues.

Suche dir für diese Übung eine Ausstellung, Kunstperformance oder Vernissage, bei der das Programm für dich unbekannt und neu ist. Lass dich unvoreingenommen von den Kunstwerken überraschen und informiere dich über die Intention des Künstlers.

Welche Gefühle lösen die Kunstwerke bei dir aus? Welche Meinungen und Bewertungen gehen dir durch den Kopf? Inwiefern weicht das, was du siehst, von deiner Vorstellung von Kunst ab?

Überlege dir im Anschluss, ob du aus dieser Erfahrung etwas für deinen Alltag mitnehmen konntest.

„Wahre Kunst ist eigensinnig."
Ludwig van Beethoven

Praxis: Wo bist du der Kunst begegnet?
Welche Gedanken und Gefühle hat sie bei dir ausgelöst?

61. Lernen

Gegenstand der traditionellen Lernpsychologie sind Lerntheorien behavioristischer oder kognitivistischer Natur, denen bestimmte Menschenbildmodelle zugrunde liegen. So gehen behavioristische Lerntheorien wie die „klassische Konditionierung" nach Pawlow oder die „operante Konditionierung" nach Skinner davon aus, dass Menschen wie Tiere funktionieren.

Lerntheorien des Kognitivismus beziehen dagegen Kognitionen ein, wie Lernen durch Einsicht oder Lernen am Modell. Kritiker weisen darauf hin, dass diese Lerntheorien z. B. nicht erklären können, wie Innovationen oder Kreativität entstehen.

Weitere Lernziele sind aus Sicht der Positiven Psychologie die Nachhaltigkeit und Lust am Lernen. In Abhängigkeit vom Lernen über unsere einzelnen Sinneskanäle entwickelte Green z. B. eine „Lernpyramide", wonach die größten Lerneffekte durch aktives Tun und Unterrichten stattfinden. Burow plädiert im Rahmen seiner „Positiven Pädagogik" auf Basis empirischer Forschung für sieben Wege zu Lernfreude und Schulglück, wie z. B. Lernen durch Wertschätzung, Lernen in Freiheit und Lernen im Team.

> **ÜBUNG**
>
> **Lustvolles Lernen**
>
> Über welchen Weg lernst du am besten? Indem du den Lernstoff anschaust, anhörst, Dinge selbst ausprobierst oder darüber sprichst? Wenn du dir darüber bewusst wirst, auf welche Art und Weise du Begeisterung in deinen Lernalltag bringen kannst, wird sich schnell ein großer Lernerfolg einstellen.
>
> Suche dir zur Übung eine Sache aus, die du lernen möchtest und schreibe dir auf, über welche Wege du zu dem Wissen oder zu der Fähigkeit gelangen kannst. Wie kannst du deinen Lernalltag so gestalten, dass selbst anspruchsvoller Lernstoff Spaß macht?
>
> Schaue Videos, sprich mit deinen Freunden über das Thema, lies Bücher, die eine ansprechende Sprache für dich sprechen, und du wirst schnell merken: Lernen mit Begeisterung führt zum Erfolg!

„Nicht für die Schule, für das Leben lernen wir."

Seneca

Praxis: Auf welche Art und Weise lernst du am leichtesten und mit Freude?

62. Motivation

Motivation ist der Beweggrund, Handlungen auszuführen, um Ziele zu verfolgen. Historisch gesehen haben sich alle großen Schulen der Psychologie mit der Frage der Motivation beschäftigt. Für Psychoanalytiker wie Freud war Motivation vor allem eine Frage der Triebe. Für die Behavioristen war Motivation eher eine Frage von Instinkten und Umweltreizen. Für die Humanistische Psychologie ging Maslow von einer Bedürfnispyramide aus, deren höchste Form Bedürfnisse nach Selbstverwirklichung und Transzendenz sind.

Die Positive Psychologie baut auf diesen Erkenntnissen auf, um sie weiterzuentwickeln. Deci und Ryan gehen davon aus, dass für die Wirkung von Motivation weniger die Quantität als die Qualität entscheidend ist. Menschen können motiviert sein, weil sie eine Aktivität schätzen oder weil sie äußeren Druck verspüren. Sie können durch Freude zum Handeln motiviert werden oder durch Bestechung. Sie können Bestleistungen durch inneren Drang erzielen oder durch die Angst vor Überwachung.

Es zeigt sich, dass eine empathische, autonomie-fördernde, wertschätzende Kommunikation, verbunden mit Enthusiasmus, unsere Motivation optimal herausfordert.

ÜBUNG

Die „Warum-Frage"

Hinter allem, was du im Leben tust (oder lässt), steckt ein Beweggrund: dein persönliches „Warum?". Wenn du das nächste Mal ein neues Projekt startest oder einen Motivationsschub für Aufgaben brauchst, kann es hilfreich sein, dir die Frage nach dem „Warum" zu stellen.

Warum tust du eigentlich, was du tust? Warum ist dir der Erfolg deines Projektes wichtig? Welchen höheren Sinn hat es, dass du genau dieser Tätigkeit nachgehst?

Wenn du eine erste Antwort gefunden hast, versuche noch tiefer zu forschen und stelle dir auf die Antwort wieder die Frage: „Warum ist mir *das* wichtig?" Wiederhole den Prozess so oft, bis du das Gefühl hast, bei deinem wahren Beweggrund angekommen zu sein.

Dieser Beweggrund sollte dich von Herzen erfüllen und glücklich machen. Schreibe ihn auf eine Karte und hänge diese an einem Ort auf, wo du sie regelmäßig sehen und dadurch Öl ins Feuer deiner Motivation gießen kannst.

„Wer sein Ziel kennt, findet den Weg."

Lao-Tse

Praxis: Was ist dein „Warum"?

63. Mut

Mut bezeichnet die Fähigkeit, etwas zu wagen. In der wissenschaftlichen Psychologie fehlte Mut lange Zeit als Forschungsgegenstand. Während es zum Thema Angst über 100.000 Fachartikel gibt, sind es über Mut weniger als 1000, was die Positive Psychologie zu ändern versucht.

So ist Mut nach Peterson und Seligmann eine Charakterstärken-Familie, welche vier Komponenten umfasst: Authentizität, Tapferkeit, Ausdauer und Enthusiasmus. Forschungen zu mutigen Menschen zeigen, dass sie in der Regel über mehr Empathie, soziale Verantwortung, Altruismus und Risikobereitschaft verfügen.

Kontrovers diskutiert wird die Frage nach dem Zusammenhang von Mut und Angst. Mut bedeutet nicht, keine Angst zu haben, sondern diese zu überwinden. Wie der Schriftsteller Ulrich Schaffer bemerkt, leben mutige Menschen „von innen nach außen".

> **ÜBUNG**
>
> **Ängste überwinden**
>
> Wenn Mut ein stetiger Begleiter in deinem Leben werden soll, kommst du nicht darum herum, deine Ängste zu konfrontieren und zu überwinden. Diese Fähigkeit lässt sich durch eine besondere Herausforderung trainieren.
>
> Erstelle für diese Übung eine Liste mit den Dingen, vor denen du Angst hast und ordne diese Ängste nach ihrer Stärke. Beginne nun Schritt für Schritt, jeden Punkt auf der Liste anzugehen und dich deinen Ängsten zu stellen. Wenn zum Beispiel „Höhenangst" auf deiner Liste steht, suchst du dir einen Hochseilgarten und verbringst dort einige Stunden in luftigen Höhen. Bei „Angst vor Spinnen" schaust du dir interessiert die Spinnen in der Ecke deines Zimmers an und lässt sie vielleicht sogar über deine Hand laufen.
>
> Im ersten Moment wird sich diese Challenge alles andere als gut anfühlen, aber je weiter du auf deiner Liste kommst, desto mehr Mut wirst du schöpfen und erkennen, dass du die Dinge, vor denen du Angst hast, in deinem Kopf viel größer machst, als sie in Realität sind.

„Die unbekannten Wege sind die Geschenke des Lebens."
Weisheit der Aborigines

Praxis: Welche Ängste konntest du überwinden? Und welche nicht?
Kannst du Ursachen erkennen?

64. Offenheit

Offenheit für Erfahrungen bildet als Persönlichkeitsmerkmal im „Big Five"-Modell zusammen mit Extraversion, Verträglichkeit, Neurotizismus und Gewissenhaftigkeit fünf Dimensionen der Persönlichkeit. Menschen mit großer Offenheit werden charakterisiert durch intellektuelle Neugier, Unkonventionalität, Flexibilität, Kreativität, Kunst und liberale politischen Einstellungen.

Für Schwartz ist Offenheit ein Wertetyp höherer Ordnung, dem vor allem drei Bereiche zugeordnet sind: Stimulation (Suche von Risiken), Hedonismus (Genuss von Vergnügen) und Selbstbestimmung (Unabhängigkeit).

Empirische Forschungen belegen, dass Offenheit bei Männern und in der jüngeren Generation stärker ausgeprägt ist, was mit mehr Offenheit gegenüber fremden Gruppen und geringerer Religiosität einhergeht.

Wissbegierde als besondere Form einer intellektuellen Offenheit ist eine Charakterstärke nach Peterson und Seligman.

ÜBUNG

Offenheit aussenden

An jedem Tag des Lebens können wir neue Erfahrungen machen. Dafür ist Offenheit ein Schlüssel, der viele Türen öffnen kann. Doch wer heutzutage durch die Straßen geht oder sich in den öffentlichen Verkehrsmitteln von einem Ort zum anderen bewegt, ist oft umgeben von Menschen, die in ein Smartphone oder Tablet schauen. Es ist, als wollten sie sich verschließen und ihrer Umwelt signalisieren: „Lasst mich in Ruhe."

Möglicherweise kennst du solch ein Verhalten auch von dir selbst. Wenn du deine Offenheit stärken möchtest, lege dein Handy mal beiseite und sieh die Menschen auf der Straße an. Lächle sie an!

Frage jemanden nach dem Weg, anstatt dein Smartphone zu zücken, oder bitte einen Fremden um Rat bei deiner Suche nach einem guten Restaurant.

Vielleicht gelingt es dir, andere Menschen genauso wie dich selbst zu öffnen.

„Offenheit ist der Schlüssel, der viele Türen öffnen kann."

Ernst Ferstl

Praxis: Was hast du getan, um Offenheit zu signalisieren?
Welche Reaktionen hast du erlebt?

65. Persönlichkeit

Persönlichkeit kommt von Person und meint im Allgemeinen die Individualität eines Menschen, im Besonderen die Reife eines lebenserfahrenen Menschen mit einem ausgeprägten Charakter. Die Bildung der Persönlichkeit junger Menschen ist seit der Antike nicht nur für Eltern, sondern auch für die gesellschaftliche Pädagogik ein Erziehungsziel.

In der Psychologie haben sich viele Theoretiker mit Fragen der Persönlichkeit beschäftigt. Wichtige Themen der Forschung sind u. a. die Wechselwirkungen von Person und Umwelt, Unterschiede zwischen den Geschlechtern und Kulturen sowie die Frage der Persönlichkeitsentwicklung.

In seinem Buch *Entwicklung der Persönlichkeit* hat sich Rogers aufbauend auf dem positiven Menschenbild der humanistischen Psychologie intensiv mit den Möglichkeiten der Persönlichkeitsentfaltung beschäftigt, die auch der Positiven Psychologie als Orientierung dienen. Auf Basis seiner psychotherapeutischen Arbeit kommt Rogers zu der Erkenntnis, dass die Selbstverwirklichung der Persönlichkeit ein Prozess ist, bei dem sich Menschen weg vom Erfüllen von kulturellen Erwartungen und hin zur Selbstakzeptanz bewegen.

ÜBUNG

Die Spiegel-Übung

Was magst du an deiner Persönlichkeit? Viele Menschen beschäftigen sich nur mit der gegenteiligen Frage und führen sich vor Augen, was ihnen an der eigenen Persönlichkeit nicht gefällt. Doch die Entwicklung einer starken Persönlichkeit beginnt damit, dass wir uns selbst dafür akzeptieren, wer wir hier und heute sind.

Stelle dich deshalb in den nächsten Tagen jeden Morgen vor den Spiegel und sprich zu dir selbst die Sätze:
- „Ich mag an mir, dass …"
- „Ich bin stolz auf mich, weil …"
- „Ich bin wertvoll für diese Welt, weil …"

Bevor du die Übung machst, kannst du die Sätze erst einmal aufschreiben und ein Satzende finden, das sich für dich gut und authentisch anfühlt. Zu Beginn der Übung wirst du dir vielleicht komisch vorkommen, auf eine neue Art und Weise mit dir selbst zu sprechen. Doch besonders in solchen Momenten ist es wichtig, am Ball zu bleiben und deiner Persönlichkeit mehr Vertrauen zu schenken.

„Persönlichkeiten, nicht Prinzipien, bringen die Zeit in Bewegung."
Oscar Wilde

Praxis: Welche Sätze hast du zu dir selbst gesagt? Was hast du dabei gefühlt?

66. Rhetorik

Rhetorik ist die Kunst der mündlichen (oder auch schriftlichen) Rede. Schon in der Antike war die Rhetorik ein Fach in der Schule, im Mittelalter galt sie als eine der sieben Künste an den ersten Universitäten. In der Renaissance und im Humanismus befruchtete sie Europa, in der Romantik auch die Poesie. In Deutschland wurde sie jedoch erst abgewertet, später entwertet und missbraucht im Nationalsozialismus.

In angelsächsischen Ländern erfreut sich die Rhetorik schon in der Ausbildung großer Beliebtheit, sodass die größten Redner der Moderne auch aus Amerika kommen (z. B. Lincoln, Kennedy oder Martin Luther King).

So kann auch die Positive Psychologie von einer „Positiven Rhetorik" (Sohr) profitieren, der Artikulation von positiver Sprache mit positiven Zielen – nach dem Vorbild der Antike. Zu den Grundwerten einer positiven Rhetorik gehören z. B. Freundlichkeit, Respekt, Wahrhaftigkeit und Wertschätzung, verbunden mit Begeisterung und Empathie.

> **ÜBUNG**
>
> **Positive Rhetorik**
>
> Obwohl es uns meist nicht bewusst ist, entwickelt jeder Mensch im Laufe seines Lebens eine eigene Sprache.
>
> Nimm dir eine halbe Stunde Zeit, um darüber nachzudenken, welche Wörter du häufig benutzt. Du kannst auch Menschen fragen, die dich gut kennen, um eine Perspektive von außen zu bekommen. Dabei können sich die Antworten auch ergänzen. Schreibe alles auf und lass den Ist-Zustand ein wenig wirken.
>
> In der zweiten halben Stunde geht es darum, Wörter zu notieren, die du positiv und anziehend findest, um dein Vokabular zu erweitern und deine Werte zum Ausdruck zu bringen. Danach kannst du mit deinem neuen Vokabular „in die Welt" gehen und die Wirkungen beobachten.

„Worte, die kein Licht bringen, vergrößern die Dunkelheit."

Mutter Teresa

Praxis: Zu welchen Erkenntnissen bist du bei der Analyse deiner Rhetorik gekommen? Welche Nomen, Verben und Adjektive hast du in deinen neuen Wortschatz aufgenommen? Wie war die Wirkung?

67. Selbstreflexion

Selbstreflexion bezeichnet die Fähigkeit, über sich selbst nachzudenken. Nach Aristoteles ist die Reflexion über das Selbst „Denken über das Denken". Dabei geht es sowohl um eine Analyse von vergangenen Erfahrungen als auch um die Übertragung auf die Gegenwart und Zukunft.

Für Schön dient Selbstreflexion vor allem der Selbsterkenntnis und dem persönlichen Wachstum. Im Vergleich zum Selbstbewusstsein, das auf die Frage „Wer bin ich?" das Vertrauen in die eigenen Fähigkeiten spiegelt, ist Selbstreflexion oft auf konkrete Verhaltensweisen gerichtet, auch im Vergleich zwischen Selbst- und Fremdbild.

Die Anwendungsfelder sind vielfältig, z. B. in der Therapie, bei Personalbeurteilungsprozessen wie Mitarbeitergesprächen oder in Teamreflexionen. Selbstreflexion kann auch im Alltag durch Feedback von Freunden, Partnern und Kollegen gefördert werden, um sich weiter zu entwickeln und reifen zu können. Selbstreflexion bleibt ein lebenslanger Prozess, der als eine Art „Endzustand" zu Weisheit führen kann, die sich selbst durch wache Selbstreflexivität auszeichnet.

ÜBUNG

Buch des Lebens

Tagebuch zu schreiben ist eine der besten Möglichkeiten, um sich in regelmäßiger Selbstreflexion zu üben. Kaufe dir hierfür ein einfaches Notizbuch, in dem du jeden Abend völlig frei deine Gedanken notierst. Du kannst etwas über die Erlebnisse des Tages, deine momentane Gefühlslage oder gewonnene Erkenntnisse schreiben.

Dein Tagebuch soll ein Ort sein, an dem du völlig frei alles ausdrücken kannst, das dich beschäftigt. Nach einer Woche lies dir durch, was du geschrieben hast. Kannst du Gedankenmuster erkennen, die dich immer wieder begleiten? Situationen, die dich besonders belasten oder erfreuen? Siehst du eine Veränderung deiner Gefühle von Tag zu Tag?

Versuche, deine eigene innere Welt objektiv, wie aus der Perspektive eines Forschers zu betrachten und dich dadurch in der Fähigkeit zur Selbstreflexion zu stärken.

„Es ist leichter, zum Mars vorzudringen, als zu sich selbst."
Carl Gustav Jung

Praxis: Was hast du beim Schreiben deines Tagebuchs erlebt?
Zu welchen ersten Erkenntnissen bist du gekommen?

68. Selbstwirksamkeit

Selbstwirksamkeit gehört zu den erfolgreichsten Konzepten der Psychologie und ist zugleich ein Musterbeispiel Positiver Psychologie. Nach Schwarzer ist Selbstwirksamkeit die subjektive Gewissheit, neue und schwierige Aufgaben aufgrund eigener Kompetenz bewältigen zu können.

Geprägt wurde der Begriff von Albert Bandura. Er erkannte, dass die meisten Menschen nur dann eine Handlung beginnen, wenn sie von ihrer erfolgreichen Bewältigung überzeugt sind. Nach Bandura können Selbstwirksamkeitsüberzeugungen auf vier Wegen aufgebaut werden: (1) durch eigene Erfolgserlebnisse, (2) durch Beobachten erfolgreicher Modelle und Vorbilder, (3) durch Einfluss sozialer Gruppen bzw. durch Coaching und (4) durch die Neuinterpretation von Emotionen und Empfindungen. Als fünfte Dimension nannte Maddox imaginierte Erfahrungen.

Das Konzept der Selbstwirksamkeitserwartung wird in vielen Bereichen angewendet, z. B. in der Therapie, in der Gesundheitsprävention, in der Bildung oder im Sport.

ÜBUNG

Selbst wirksam sein

Für diese Übung brauchst du ein Ziel, das du in nächster Zeit erreichen möchtest. Bewerte auf einer Skala von 1 bis 10, wie sicher du dir bist, dass du dieses Ziel erreichst, und beantworte anschließend folgende Fragen:

- Erfolgserlebnisse: Auf welche Erfolge in deinem Leben bist du besonders stolz?
- Vorbilder: Welche Menschen haben erreicht, was du dir vorgenommen hast, und was haben sie getan?
- Coaching: Welche Personen können dich beim Erreichen deines Ziels unterstützen?
- Neuinterpretation: Wie kannst du negative Emotionen wie Stress abbauen, die hochkommen, wenn du dein Ziel betrachtest? Was hilft dir allgemein dabei, in eine positive Gefühlslage zu kommen?

Bewerte nun, nachdem du dir die Antworten notiert hast, wieder deine Zuversicht, das Ziel zu erreichen. Hat sie sich verbessert?

„Wir selbst müssen die Veränderung sein, die wir in der Welt sehen wollen."
Mahatma Gandhi

Praxis: Was war dein Ziel? Wie hat sich deine Erwartung verändert?

69. Wachstum

In der Psychologie gehört Wachstum im Sinn der Entfaltung der Persönlichkeit zu den angestrebten Zielen von individuellen Entwicklungen, wie z. B. die Bedürfnispyramide nach Maslow zeigt, wo Wachstumsbedürfnisse (z. B. Selbstverwirklichung) auf der Basis der Befriedigung von Defizitbedürfnissen (z. B. Essen und Trinken) gedeihen.

Die Positive Psychologie beschäftigt sich zunehmend mit dem Phänomen des posttraumatischen Wachstums als Alternative und Ausweg aus posttraumatischen Belastungsstörungen, die nach kritischen Lebensereignissen, wie z. B. einer Trennung oder einem Terroranschlag, eintreten können. Posttraumatisches Wachstum als Option wurde erstmals von Frankl erkannt, der im Konzentrationslager überlebte, während er seine Familie verlor.

Richard Tedeschi postuliert fünf potenzielle Bereiche dieses Wachstums: die Intensivierung der Wertschätzung des Lebens, Intensivierung persönlicher Beziehungen, Bewusstwerdung der eigenen Stärken, Entdeckung neuer Möglichkeiten sowie eine spirituelle Entwicklung. Seinen Studien zufolge erleben etwa 90 % von Trauma-Überlebenden mindestens einen dieser Aspekte. Es gibt aber kulturelle Unterschiede, z. B. erleben nicht-religiöse Menschen seltener ein posttraumatisches Wachstum als religiöse.

> **ÜBUNG**
>
> **Zauber der Zukunft**
>
> In Momenten, in denen uns etwas Negatives im Leben widerfährt, können wir uns häufig nicht vorstellen, dass daraus etwas Gutes entspringen kann. Doch viele negative Momente gehen mit Wachstum einher, da sie uns herausfordern, anders zu denken und zu handeln. Sie zwingen uns, aus der Komfortzone auszubrechen.
>
> Rufe dir zur Bewusstwerdung deines eigenen Wachstums eine Verletzung, die dir vor kurzem widerfahren ist, oder einen Bereich in deinem Leben, der dir Sorge bereitet, in den Sinn.
>
> Stelle dir nun vor, du führst ein Gespräch mit deinem „Ich in einem Jahr". Was würde dein zukünftiges Ich sagen, wie du aus deiner aktuellen Situation gewachsen bist? Was hast du in einem Jahr daraus gelernt? In welchen Bereichen deiner Persönlichkeit bist du dadurch stärker geworden? Schreibe die Antworten auf einen Zettel und spüre in dich hinein, was diese Antworten mit dir machen.

„Allem Anfang wohnt ein Zauber inne, der uns beschützt und hilft zu wachsen."

Hermann Hesse

Praxis: Was war die für dich wichtigste Aussage von deinem „zukünftigen Ich"?
Wie hat es sich für dich angefühlt, dein Wachstum aus dieser Perspektive zu reflektieren?

70. Zukunftsfähigkeit

Zukunftsfähigkeit ist nicht nur eine Schlüsselkompetenz für jeden einzelnen Menschen, sondern für die ganze Menschheit. Die Zukunftsfähigkeit des „homo sapiens" setzt ökologische Nachhaltigkeit voraus, die nach Dürr über seine „Schrumpfgestalt homo oeconomicus" hinausgeht, um seine natürlichen Lebensgrundlagen auch im 21. Jahrhundert noch erhalten zu können.

Ein nachhaltiger Lebensstil erfordert allerdings grundlegende Veränderungen von Werten, Einstellungen und Verhaltensweisen – gemäß dem forstwissenschaftlichen Prinzip, nicht mehr zu verbrauchen und zu zerstören als nachwachsen kann, um auch nachfolgenden Generationen noch ein lebenswertes Leben zu ermöglichen.

Angesichts der bereits dramatischen Folgen des Klimawandels sollte Zukunftsfähigkeit ein Thema der Positiven Psychologie nicht nur in Zukunft sein, sondern schon heute.

ÜBUNG

Reise in die Zukunft

Der Blick in die Zukunft kann mit verschiedenen Gefühlen verbunden sein, z. B. Neugier, Angst oder Vorfreude. Welche Gefühle sind es bei dir?

Ob ein einzelner Mensch oder die gesamte Menschheit zukunftsfähig sein wird, entscheidet sich genau jetzt – in der Gegenwart. Wenn du dir hier und jetzt darüber bewusst wirst, wie eine gute Zukunft aussieht und aktiv Schritte in Richtung dieser Zukunft gehst, so wirst du sie mit höherer Wahrscheinlichkeit erleben.

Schreibe dir dafür auf, wie deine ideale Zukunft (z. B. in 30 Jahren) hinsichtlich deines persönlichen, aber auch des gesellschaftlichen Lebens aussieht. Sei offen für verrückte Ideen und große Visionen. Stell dir vor, dass alles, was du aufschreibst, wahr werden kann.

Komme anschließend mit deinen Gedanken in die Gegenwart zurück und mache dir bewusst, dass diese ideale Zukunft möglich ist, wenn du heute beginnst, sie zu gestalten. Welche konkreten Schritte kannst du gehen, damit du dein Idealbild eines Tages erreichst?

„Die Zukunft hat schon begonnen."
Robert Jungk

Praxis: Welche Visionen der Zukunft hast du persönlich und gesellschaftlich gesehen? Wie sehen deine Zukunftspläne aus?

IV. Übungen zu Lebensfragen

*"Leben, das ist das Allerseltenste auf der Welt –
die meisten Menschen existieren nur."*

Oscar Wilde

Gesundheit, Beziehungen und Entwicklung – sind damit nicht die wichtigsten Lebensfragen schon geklärt? Oder gibt es im Leben noch viele Fragen darüber hinaus? Das letzte Kapitel verspricht Antworten, die eine Ahnung davon geben, wie reich unser Leben sein kann. Manche dieser Themen machen uns erst zum „homo sapiens".

Lange Zeit hat sich die Psychologie vor allem mit unserem äußeren Verhalten beschäftigt, hat es beobachtet, statistisch analysiert und ausgewertet – meist mit dem Ziel, es kontrollieren und vorhersagen zu können.

Doch dabei kommen wir schnell an unsere Grenzen – und das ist auch gut so. Denn in seiner Komplexität ist der Mensch nicht in Mittelwerten und Standardabweichungen zu fassen. Um einen Menschen wirklich zu verstehen, brauchen wir eine andere Grundhaltung.

Hören wir, was drei unterschiedliche Menschen über das Leben herausgefunden haben. Der dänische Philosoph Sören Kierkegaard schrieb: „Leben lässt sich nur rückwärts verstehen, muss aber vorwärts gelebt werden." Mit der Psychoanalyse können wir bestenfalls aus der Vergangenheit lernen. Doch für die Zukunft gibt es alternative Möglichkeiten, die wir erkennen, wenn wir uns unserer Freiheiten bewusst werden.

Der Sozialpsychologe Erich Fromm sprach in diesem Zusammenhang von der „Biophilie", der Liebe zum Leben. In seinem Buch *Haben oder Sein* stellt er zwei grundlegende Lebensweisen vor. Die eine reagiert und konsumiert – mehr oder weniger im Einklang mit den vorherrschenden materiellen Werten unserer Gesellschaft. Diese Lebensweise will haben, und zwar möglichst immer mehr. Die andere Haltung möchte weniger haben als sein – aus Liebe zum Leben. Sie möchte nicht nur reagieren, sondern agieren, kreativ schöpferisch sein, um sich und die Welt zu verändern.

Zu ähnlichen Erkenntnissen kam der Urwaldarzt und Friedensnobelpreisträger Albert Schweitzer. Er erkannte in seinen kulturphilosophischen Texten die „Ehrfurcht vor dem Leben" als wichtigste Kraft einer positiven Lebenshaltung: „Ich bin Leben, das leben will, inmitten von Leben, das leben will." So spürte er nicht nur eine große Verantwortung gegenüber uns selbst und der Mitwelt, sondern auch ein tiefes, ehrfürchtiges Staunen über die Schöpfung, welches zu spirituellen Momenten führen kann.

In diesem Sinne sind die 30 Themen im finalen Viertel des Buches besonders vielfältig. Sie beginnen mit A wie Authentizität und führen über Demut und Ehrfurcht zu Enthusiasmus, gefolgt von einem Nachsinnen über die Ethik. Es folgen Geduld und Genügsamkeit sowie Reflexionen über Gewissen, Heimat und Identität. Weiter geht es mit Identität und Inspiration, dem Lebenssinn und Leidenschaft. Der Buchstabe M bietet Mäßigung, Moral und Mündigkeit, bevor Neugier zur Religiosität leitet. Auch der Buchstabe S ist reichhaltig vertreten – mit Schönheit, Seele, Sehnsucht, Spiritualität und Stärken. Zum guten Schluss geht es um Tugend und Verantwortung, um das Kultivieren von Werten und Weisheit sowie um das Erleben von Zeitwohlstand.

Alle Lebensfragen laden einerseits zur Besinnung, andererseits jedoch auch zur praktischen Umsetzung der Erkenntnisse ein. So gibt es unter unseren Übungen wieder einige klassische Reflexionen über „Quellen der Inspiration", „Demütige Momente" sowie „Zeit zum Staunen" und auch ganz konkrete Lebensfragen wie „Was ist deine Ethik?", „Wo bleibt die Moral?", „Wer sind wir wirklich?" oder „Wann hebst du ab?"

Beispiele für stärker aktivierende Übungen zu Lebensfragen sind „Tabularasa machen", „Geduld kultivieren", „Neues entdecken", „Kraftorte suchen" sowie auch ein „Restaurant-Besuch".

Wer Lust hat und sich die Zeit nimmt, die nachfolgenden Übungen auszuprobieren, kann zu einem vertieften Verständnis des Lebens kommen, um sich bewusst zu machen, welche Lebenswege sich als tragfähig erweisen – und wo es an der Zeit ist, neue Wege zu gehen. Denn neue Wege können nach Kafka nur dann entstehen, „wenn man sie geht".

Auf jeden Fall lohnt es sich, sich mit allen 30 Fragen zu beschäftigen – allein schon, um zu erkennen, dass sie alle mit unserem Leben zu tun haben, selbst wenn wir sie im Alltag nur selten wahrnehmen.

So können wir uns vom bloßen Existieren zu einem lebendigen Sein entwickeln und manchmal vielleicht sogar über unsere Blindheit lachen. Denn „die schönsten Momente im Leben sind die, die dir beim Nachdenken ein Lächeln schenken" (unbekannt).

71. Authentizität

Authentizität bedeutet Echtheit. Sie bezeichnet eine Lebensweise, die mehr Sein als Schein ist.

Als Persönlichkeitseigenschaft verkörpert Authentizität auch einen Wert, sich nicht von äußeren Einflüssen, Gruppenzwang oder Manipulation leiten zu lassen. Die Positive Psychologie zählt Authentizität zu den zentralen menschlichen Stärken. Authentizität im Sinne von Echtheit und Kongruenz ist in der humanistischen Psychotherapie nach Rogers eine Voraussetzung für persönliche Weiterentwicklung.

Empirisch belegt ist, dass authentische Menschen über einen stabileren Selbstwert verfügen, mehr Wohlbefinden und eine höhere Lebenszufriedenheit aufweisen sowie weniger Angst-Symptome haben. Sie sind insgesamt unabhängiger.

In seinem Buch *Authentizität* beschreibt Stephen Joseph Authentizität als einen Königsweg zum erfüllten Leben, als Synthese der Glücksformeln „Erkenne dich selbst", „Steh zu dir" und „Sei du selbst". Dabei handele es sich um einen lebenslangen Prozess, der als Verzicht auf Anpassung eine große Herausforderung darstellt.

> **ÜBUNG**
>
> **Authentisch sein**
>
> Hast du in deinem Leben manchmal das Gefühl, nicht authentisch zu sein? Gibt es Situationen, in denen du dich von anderen Menschen beeinflussen lässt, obwohl dein eigener Weg ein ganz anderer wäre?
>
> Die Entwicklung zum authentischen Ich ist ein stetiger Prozess, der niemals abgeschlossen wird. Versuche für diese Übung, in der nächsten Woche bewusst Situationen wahrzunehmen, bei denen du dich in deiner Authentizität herausgefordert fühlst. Zum Beispiel in einer Diskussion, in der deine Meinung hinterfragt wird oder in einem Moment, in dem du das Gefühl hast, dein Verhalten anpassen oder unterdrücken zu müssen, um anderen gerecht zu werden.
>
> Beobachte deine Gedanken und dein Verhalten und nimm bewusst wahr, wie du dich anschließend fühlst. Überlege dir, wie du alternativ hättest reagieren können und versuche, es beim nächsten Mal anders zu machen.

„Be yourself, no matter what they say"

Sting

Praxis: Wo und wann warst du nicht authentisch? Wie hast du diese Situation erlebt? Wo und wann warst du authentisch? Wie hat sich der Unterschied angefühlt?

72. Demut

Demut kommt vom althochdeutschen Wort „diomuoti" und heißt dienstwillig. Damit ist die Haltung eines Dienenden gemeint – so wie das Verhältnis vom Knecht zum Herrn. Demut kann sowohl eine innere Haltung als auch ein äußerer Ausdruck sein, wobei idealerweise beide Seiten übereinstimmen.

Im christlichen Kontext gilt Demut als eine Tugend, die aus dem Bewusstsein des unendlichen Zurückbleibens hinter der Vollkommenheit Gottes hervorgeht. Christlich gesehen ist Demut der Schlüssel zum Segen.

Sozialpsychologisch deutet Fromm Demut als Voraussetzung, den eigenen Narzissmus zu überwinden. Demut dient der Deeskalation von Konflikten – nach dem Motto „Der Klügere gibt nach". Demut im Sinne von Bescheidenheit und Mut zum Dienen ist das Gegenteil von Hochmut.

In postmodernen Zeiten, in denen der Mensch zu Hybris neigt, scheint Demut nicht antiquiert, sondern wertvoller denn je.

> **ÜBUNG**
>
> **Demütige Momente**
>
> Wer sich regelmäßig in Demut übt, dem fällt es leichter, mit schwierigen Situationen im Leben umzugehen und das eigene Ego zurückzustellen. Es gibt unterschiedliche Anlässe, um ein Gefühl von Demut zu erleben, zum Beispiel durch die Wahrnehmung der unendlichen Weite des Universums in sternenklaren Nächten, ein Erlebnis in der Natur oder die Wertschätzung all dessen, was Eltern, Partner oder andere Menschen für uns tun.
>
> Im Moment der Demut erkennen wir uns als einen kleinen Teil des großen Ganzen. Überlege, welche Momente in dir das Gefühl von Demut auslösen. Versuche, in deinem Alltag dieses Gefühl bewusst einzubauen und die Welt wie durch die Augen eines Kindes zu sehen, das die Dinge seiner Umgebung voller Bewunderung zum ersten Mal wahrnimmt.

„Selig, wer sich vor Untergebenen so demütig benimmt, wie wenn er vor seinem Oberen und Herrn stünde."

Franz von Assisi

Praxis: Welche Momente haben bei dir Demut ausgelöst?
Kannst du diese Momente beschreiben?

73. Ehrfurcht

Ehrfurcht bezeichnet eine mit Verehrung einhergehende Furcht und bezieht sich meist auf einen übermächtigen, erhabenen Adressaten. Ehrfurcht gilt als höchste Form der Ehrerbietung – ein Gefühl der Hingabe. Alltägliche Beispiele sind heute auch die Ehrfurcht vor einem Kunstwerk oder der Natur.

Psychologisch betrachtet ist Ehrfurcht eine Emotion, welche mit Demut und auch mit Engagement einhergeht. Sie wurde bisher noch kaum erforscht. Ein Charakteristikum ist die Wahrnehmung der Größe und Weite der physischen (z. B. Berge) oder sozialen Umwelt (z. B. Autorität).

Schweitzer spricht von der *Ehrfurcht vor dem Leben* (1933), verbunden mit einer Ethik. Das Grundprinzip der Ehrfurcht gilt in allen Bereichen, in denen menschliches Handeln dem Leben begegnet, als eine grenzenlose Verantwortung gegenüber allem, was lebt.

> **ÜBUNG**
>
> ### Zeit zum Staunen
>
> Um Ehrfurcht im alltäglichen Leben zu üben, brauchst du nur ein „Objekt" in deinem Umfeld, das du ehrfürchtig würdigen möchtest. Dies kann zum Beispiel eine Pflanze, ein Gegenstand, ein Raum oder ein bestimmter Ort in der Natur sein.
>
> Nimm das, was du siehst, bewusst mit allen Sinnen möglichst lange und intensiv wahr. Wechsle anschließend von der detaillierten Betrachtung in eine Metaebene und stell dir vor, wie dein ausgewähltes Objekt entstanden ist.
>
> Haben andere Menschen es erstellt? Ist es vor vielen Jahren der Natur „entsprungen"? Wie kommt es, dass genau du in diesem Moment in Verbindung mit diesem Objekt trittst? Momente der Ehrfurcht kannst du erleben, wenn du staunst – eine Haltung, die wir als Kinder noch häufig erlebt haben.

„Ich bin Leben, das leben will, inmitten von Leben, das leben will."

Albert Schweitzer

Praxis: Mit welchem Objekt hast du dich ehrfürchtig beschäftigt?
Wie hat sich das angefühlt?

74. Enthusiasmus

Enthusiasmus meint ursprünglich die Inspiration durch eine göttliche Eingebung. Heute wird Enthusiasmus neben Inspiration und Leidenschaft mit Begeisterung in Verbindung gebracht, um eine gesteigerte Freude zum Ausdruck zu bringen, die oft mit Hochstimmung und Tatendrang einhergeht.

Biologisch lässt sich nachweisen, dass bei Begeisterung die emotionalen Zentren im Gehirn angeregt werden. Begeisterung ist also auch ein biologischer Prozess, der Menschen bewegt und motiviert, etwas zu erlernen. Für positive Entwicklungen von Teams ist eine Grundhaltung der Begeisterung ansteckend.

Die amerikanische Psychiaterin Kay Jamison forscht intensiv über Menschen, die „einfach gut drauf sind, ohne dass dies pathologisch sein muss". Der Anteil von Enthusiasten in der Bevölkerung liege bei etwa 10 Prozent. Diese Menschen seien „neugierig, konzentriert, kreativ und reißen ihre Umgebung mit". Allerdings gebe es auch kulturelle Unterschiede, wie die Professorin aus eigener Erfahrung weiß: „In Europa muss ich mich immer zusammenreißen, weil gute Laune dort leicht als hysterisch wahrgenommen wird."

ÜBUNG

Wann hebst du ab?

Bei jedem Menschen wird das Gefühl von Enthusiasmus auf eine andere Weise ausgelöst. Der eine fühlt sich enthusiastisch, wenn er eine Matheaufgabe löst, der nächste, wenn er tanzt, und ein dritter, wenn er ein leckeres Essen vorgesetzt bekommt.

Diese Vielfalt offenbart, wie wichtig es ist, dass du erforschst, welche Situationen bei *dir* das Gefühl von Enthusiasmus auslösen. Folgende Fragen können dabei hilfreich sein:
- In welchen Momenten fühlst du dich voller Energie und Tatendrang?
- Was entfacht in dir eine tiefe Leidenschaft?
- Wann bist du begeistert bei der Sache?
- Welche Aktivitäten machen dir so viel Freude, dass du sie am liebsten den ganzen Tag tun würdest?

Erstelle anhand der Fragen eine Liste von Aktivitäten, die dich das Gefühl von Enthusiasmus spüren lassen und versuche, diese Aktivitäten gezielt in den Alltag einzubauen.

„Nie wurde etwas wirklich Großes ohne Begeisterung erreicht."
Ralph Waldo Emerson

Praxis: Welche enthusiastische Aktivitäten hast du wann getestet?

75. Ethik

Ethik ist eine Teildisziplin der Philosophie, die sich mit der Bewertung menschlicher Handlungen befasst – insbesondere mit der Frage: Wie sollen wir leben? Im Zentrum der Ethik steht also das spezifisch moralische Handeln – in der Tradition von Cicero wird Ethik auch als Moral-Philosophie bezeichnet.

Hinsichtlich der Relevanz ethischer Normen gibt es seit Jahrtausenden eine große Varianz. Während z. B. die Sophisten im alten Griechenland Ethik und Moral als wenig verbindlich ansahen, rückte Sokrates die Ethik ins Zentrum seines philosophischen Denkens, bevor Aristoteles die Ethik als philosophische Disziplin etablierte.

Zur Schule der Ethik gehören religiöse Normen (wie z. B. die „Zehn Gebote" oder die „Goldene Regel") sowie Kants kategorischer Imperativ („Handle nur nach derjenigen Maxime, durch die du zugleich wollen kannst, dass sie ein allgemeines Gesetz werde"). In der Geschichte der Psychologie spielt Ethik bisher eher eine marginale Rolle, wie z. B. die Praxis der Tierversuche zeigt.

> **ÜBUNG**
>
> **Welche Ethik lebst du?**
>
> Hast du eine Ethik? Und wenn ja, wie sieht sie aus?
>
> Diese Frage lässt sich einfacher beantworten, wenn du nicht dein ganzes Leben, sondern einen bestimmten Bereich oder eine bestimmte Fragestellung in Betracht ziehst.
>
> Bei welchem Thema bist du dir klar darüber, wie du leben möchtest? Bei welcher ethischen Frage nimmst du eine Position ein, hinter der du selbstbewusst stehen kannst?
>
> Schreibe einen Themenbereich auf, in dem du deine eigene Ethik entwickelt hast oder auf einer bestehenden Ethik aufbaust, und überlege, woran du sie erkennen kannst. Fasse deine Ethik in drei Statements oder Regeln zusammen und schreibe diese auf. In welche Lebenssituationen könntest du diese Ethik noch bewusster einfließen lassen?

„Es gibt nichts Gutes, außer man tut es."
Erich Kästner

Praxis: Wie lauten deine drei ethischen Statements? Woran kannst du erkennen, dass du deine Ethik lebst? Wie fühlst du dich dabei?

76. Geduld

Geduld gilt als eine Tugend, die sich in der Fähigkeit ausdrückt, warten zu können.

In seinem Buch *Die Entdeckung der Geduld – Ausdauer schlägt Talent* zeigt der österreichische Ökonom Matthias Sutter anhand zahlreicher Studien viele nachhaltig positive Auswirkungen, welche Geduld nach sich ziehen kann.

Neben dem klassischen Marshmallow-Experiment (vgl. Disziplin) belegen auch viele andere Untersuchungen, dass Geduld entwicklungspsychologisch oft schon in frühen Jahren angelegt wird. So haben Forscher der Universität Zürich herausgefunden, dass die Stillzeit einen Einfluss darauf hat, wie geduldig ein Kind später ist. Säuglinge, die mindestens sechs Monate lang gestillt wurden, konnten z. B. im Alter von sechs Jahren einer geöffneten Gummibärchentüte eher widerstehen als Altersgenossen, die früher abgestillt wurden.

Vor allem die Verlässlichkeit von Beziehungen, zum Beispiel ein anwesender Vater, spielt eine große Rolle bei der Frage, ob Menschen sich geduldig verhalten können. Als eine Konsequenz der Studien plädiert Sutter für die Einführung des Schulfachs „Geduld".

> **ÜBUNG**
>
> **Geduld zelebrieren**
>
> Unsere Geduld wird im alltäglichen Leben häufig auf die Probe gestellt. Wenn wir gehetzt durch den Alltag rennen, scheinen schon kurze Momente des Wartens wie eine Ewigkeit. Versuche in den nächsten Wochen deine Geduld zu stärken, indem du dich bewusst in Situationen begibst, die Ungeduld in dir auslösen.
>
> Du kannst zum Beispiel im Supermarkt die Kasse mit der längsten Schlange wählen. Oder du rennst deinem Bus nicht hinterher, sondern lässt ihn fahren, um anschließend auf den nächsten zu warten. Oder für Studierende: Du forderst dich besonders heraus, indem du erst einen Tag nach Veröffentlichung der Klausurnoten nachschaust, wie du abgeschnitten hast.
>
> Beobachte in diesen Situationen, welche Gedanken das Gefühl von Ungeduld in dir auslösen, und versuche, Abstand von ihnen zu nehmen. Genieße die geduldigen Momente!

„Steter Tropfen höhlt den Stein."

Lukrez

Praxis: Wann und wie hast du deine Geduld herausgefordert?
Konntest du deine Geduld genießen?

77. Genügsamkeit

Genügsamkeit ist eine Haltung, die enge Zusammenhänge mit Anspruchslosigkeit, Bescheidenheit, Einfachheit und Zurückhaltung aufweist und oft mit Gefühlen wie Dankbarkeit und Zufriedenheit einhergeht.

Historisch haben Genügsamkeit und Bescheidenheit eine lange Tradition. So war der Kynismus im antiken Griechenland des fünften Jahrhunderts eine philosophische Strömung, bei der Bedürfnislosigkeit als hohes ethisches Ziel galt. Ausgehend von Sokrates war Diogenes, welcher sein Leben in einer Tonne verbrachte, der prominenteste Vertreter der Kyniker.

In unserer modernen Welt des Überflusses erlebt Genügsamkeit eine Renaissance in verschiedenen Strömungen. So plädiert die Outdoor-Bewegung für ein einfaches Leben in und mit der Natur. Der Frugalismus versucht, aus dem „Hamsterrad" der Arbeitswelt auszubrechen und finanziell unabhängig zu sein. Die Konzentration auf Wesentliches ist auch im Minimalimus zentral, was sich sowohl materiell als auch technisch auswirken kann.

> **ÜBUNG**
>
> **Tabularasa machen**
>
> Als ersten Schritt auf dem Weg zu mehr Genügsamkeit laden wir dich dazu ein, deinen materiellen Besitz genauer unter die Lupe zu nehmen und dich zu fragen: Was brauche ich wirklich?
>
> Gehe für diese Übung deine Schränke durch und frage dich bei jedem Gegenstand, den du findest, ob er dir Freude oder Nutzen bringt. Je nach Antwort kannst du ihn zurück- oder beiseitelegen. Wenn du dich von einem Gegenstand trennen möchtest, besteht die Möglichkeit, ihn zu spenden, zu verschenken oder zu entsorgen.
>
> Solltest du dir bei einigen Dingen nicht sicher sein, ob du sie noch brauchst, dann lege sie in eine Kiste und lass diese für mindestens einen Monat verschlossen. Wenn du die Kiste in diesem Zeitraum nicht öffnest, um einen Gegenstand herauszuholen, kannst du sie guten Gewissens weggeben.
>
> Diese Übung mag im Zeitalter des materiellen Überflusses ungewohnt sein, doch wenn du erst mal angefangen hast, deinen Besitz zu hinterfragen, wird sich schnell ein erleichterndes Gefühl einstellen, das die Genügsamkeit mit sich bringt.

„Wie zahlreich sind die Dinge, derer ich nicht bedarf."

Sokrates

Praxis: Halte fest, was du losgelassen hast. Was steht auf deiner Liste? Wie fühlt es sich an, die Dinge gehen zu lassen?

78. Gerechtigkeit

Gerechtigkeit ist aus philosophischer Sicht eine Tugend sowohl von Individuen als auch von Institutionen wie Wirtschaftssystemen. Platon bezeichnet die Gerechtigkeit als oberste Tugend. Aristoteles nennt einen Menschen gerecht, der Gerechtes tut.

In der psychologischen Gerechtigkeitsforschung ist der Begriff der Fairness zentral. Im Gegensatz zur Gerechtigkeit geht es bei der Fairness nicht um gesetzlich geregelte Vorstellungen, sondern um individuelles Empfinden.

Lerner führte z. B. das Konzept „Belief in a just world" (Glauben an eine gerechte Welt) ein. Es zeigt sich, dass ein hoch ausgeprägter Glaube an eine gerechte Welt positiv mit Lebenszufriedenheit und Wohlbefinden und negativ mit depressivem Affekt einhergeht.

Moderne Studien belegen, dass bereits Kinder im Alter von 16 Monaten ein Gefühl für Fairness haben. Aufgrund heutiger Herausforderungen wie etwa dem Klimawandel werden auch Fragen der „Generationsgerechtigkeit" zunehmend virulent.

> **ÜBUNG**
>
> **Gerechtigkeit leben**
>
> Was bedeutet für dich Gerechtigkeit?
>
> Die Antwort auf diese Frage lässt sich leichter finden, indem du sie umdrehst: In welchen Momenten spürst du ein Gefühl von Ungerechtigkeit? Welche Situationen oder Umstände in deinem privaten und im gesellschaftlichen Leben schreien danach, verändert zu werden?
>
> Schreibe alle Ungerechtigkeiten, die dir in den Sinn kommen, auf einen Zettel, und notiere daneben mindestens eine Maßnahme, die du ergreifen kannst, um ein Ende dieser Ungerechtigkeit mit zu bewirken.

„Ungerechtigkeit an einem Ort bedroht die Gerechtigkeit an jedem anderen."
Martin Luther King

Praxis: Notiere alles, was du in deinem Lebensumfeld und auf der Welt als ungerecht empfindest ... – wo und wie kannst du selbst zu mehr Gerechtigkeit beitragen?

79. Gewissen

Heute gibt es viele Arten des Gewissens, z. B. das ärztliche, mündige oder ökologische Gewissen. Für Kant war das Gewissen „das Bewusstsein eines inneren Gerichtshofes im Menschen". Sogar Darwin kam zur Erkenntnis, „dass von allen Unterschieden zwischen Menschen und Tieren das moralische Gefühl oder das Gewissen der weitaus bedeutungsvollste ist."

Psychologisch verortet Freud das Gewissen im sogenannten Über-Ich als verinnerlichte Moral. Jung stellt dem individuellen ein kollektives Gewissen gegenüber. In seiner Theorie der Moralentwicklung sieht Kohlberg ein waches Gewissen als höchste Form der Moralentwicklung, z. B. bei Gandhi oder Martin Luther King.

Die Gefährdung des erwachsenen Gewissens wies Milgram mit sozialpsychologischen Experimenten nach, in denen nur eine kleine Minderheit der Probanden moralisch handelte. Seine Kollegin Fogelman suchte nach Persönlichkeitsmerkmalen von Menschen, die während des Nationalsozialismus ihr Leben riskierten, um Juden zu retten. Zu den Rettern gehörten vor allem Menschen, die ihrem Gewissen folgten. Sie bezeichneten die Zeit des Widerstands als glücklichste Zeit ihres Lebens.

ÜBUNG

Sensibles Gewissen

In welchen Situationen spürst du ein schlechtes Gewissen? Vielleicht, wenn du dir die riesigen Berge an Plastikmüll bewusst machst, die du täglich produzierst. Vielleicht, wenn du einen Bericht über die Massentierhaltung siehst und dir klar wird, dass du diese Verbrechen an den Tieren mit deinem eigenen Geld unterstützt. Vielleicht aber auch, wenn du bemerkst, dass du viele Dinge in deinem Alltag für selbstverständlich nimmst, während andere Menschen an Hunger und Armut leiden.

In jedem Fall gibt uns das Gefühl des schlechten Gewissens eine wertvolle Auskunft: Es zeigt, wo wir unsere Werte noch nicht leben.

Wenn du das schlechte Gewissen in deinem Alltag spürst, lohnt es sich, genauer hinzuschauen und dich zu fragen: Was kann ich tun, um mein Verhalten zu verändern, damit mein Gewissen wieder entlastet wird?

„Minus Handlung ist das Gewissen einfach nichts."
Günther Anders

Praxis: Was macht dir ein schlechtes Gewissen? Was kannst du dagegen tun?

80. Heimat

Heimat gilt als eines der schönsten Wörter der deutschen Sprache. Heimat ist der Ort, in den wir hineingeboren werden und an dem unsere frühesten Erlebnisse stattfinden, die unsere Identität, Mentalität sowie Einstellungen prägen. Allerdings kann Heimat auch neu gewonnen werden, wenn z. B. durch Migration und aktive Beheimatung eine neue Heimat gefunden wird.

Neurobiologisch betrachtet ist Heimat in Form von Engrammen, also durch Reizeinwirkung im Gehirn hinterlassene Spuren, präsent. Je länger wir an einem Ort weilen, desto stärker sind die Engramme synaptisch verfestigt. Wenn sich neuronale Strukturen zum Beispiel bei einer Demenzerkrankung auflösen, entsteht manchmal ein Gefühl von Heimatlosigkeit, obwohl sich in der Umgebung der erkrankten Person nichts ändert.

Aus psychologischer Perspektive ist Heimat ein subjektives Empfinden, dessen Verlust zu Heimweh führt. Doch bereits kleine Sinneseindrücke können Menschen auf der Gefühlsebene innerhalb von Sekunden wieder zurück an den Ort ihrer Heimat bringen.

> **ÜBUNG**
>
> **Heimatgefühle spüren**
>
> Das Gefühl von Heimat kann auf unterschiedlichste Art und Weise ausgelöst werden. Nicht nur Orte, auch bestimmte Menschen, Gerüche oder Landschaften können das wohlige Gefühl von Zuhause geben.
>
> Mit dieser Übung kannst du deiner Definition von Heimat näherkommen: Schließe deine Augen und atme mehrmals tief ein und aus. Lasse nun den Begriff „Heimat" in deinen Gedanken kreisen.
>
> Welche Bilder tauchen vor deinem inneren Auge auf? Welche Menschen sind bei dir? Ist es ein bestimmter Ort, den du siehst? Was kannst du hören, riechen, schmecken und fühlen?
>
> Notiere, was du wahrgenommen hast.

„Heimat ist kein Ort, Heimat ist ein Gefühl."

Herbert Grönemeyer

Praxis: Was verbindest du mit „Heimat"?

81. Identität

Identität ist ein Begriff, der aus der Philosophie stammt, wo er Gleichheit bezeichnet. Mit einem Identitätsgefühl haben wir ein sogenanntes „inneres Kapital".

Sozialpsychologisch ist Identität die Schnittstelle zwischen Subjekt und Gesellschaft. Dabei wird die psychische von der sozialen Identität unterschieden – einerseits die eindeutige Essenz als unveränderliches Wesen des Menschen, andererseits die Zuschreibung der Gesellschaft als Übernahme von Rollen.

Soziologisch spricht Keupp heute von Patchwork-Identitäten. So haben Menschen mit Migration mindestens zwei Identitäten. Hirnforscher haben herausgefunden, dass die Ich-Regionen sich an der Mittellinie des Gehirns entlangziehen – sie bilden einen großen zusammenhängenden Komplex.

Identität ist letztlich die Gesamtheit unserer Antworten auf die Frage „Wer bin ich?" Postmodern fragt Philosoph Precht daher: „Wer bin ich – und wenn ja, wie viele?"

ÜBUNG

Wer sind wir wirklich?

Mehr Schein als Sein? Heute ist es möglich, sich innerhalb weniger Minuten durch ausgewählte Bilder, Fotobearbeitungen und schöne Worte in den sozialen Medien eine Schein-Identität aufzubauen und ein poliertes „Ich" nach außen zu präsentieren.

Je mehr diese Schein-Identitäten zunehmen, desto wichtiger ist es, sich seiner eigenen realen Identität bewusst zu werden. Wer bist du, wenn du allein bist? Was beschäftigt dich, berührt dich und bewegt dich, auch wenn du es mit keinem Menschen teilen kannst? Welche Stärken und Fähigkeiten hast du? Mit welchen Werten, Meinungen und Lebenseinstellungen identifizierst du dich?

Um diese Fragen zu beantworten, braucht es Stille und Geduld. Notiere deine Gedanken auf verschiedene Karteikarten und hänge sie an einen Platz, an dem du täglich vorbeiläufst. So wirst du unterbewusst immer daran erinnert, deine wahren Identitäten zu leben.

„Wohin man auch geht, sich selbst entkommt man nicht."
Haruki Murakami

Praxis: Was steht auf deinen Karteikarten?
Welche Karten repräsentieren dein wahres Wesen am stärksten?

82. Inspiration

Inspiration (lat. inspiratio = Beseelung, Einhauchung) wird alltagssprachlich als Eingebung eines unerwarteten Einfalls oder einer künstlerischen Kreativität verstanden. Eingebung kann auf unterschiedliche Weise erfahren werden, zum Beispiel über andere Menschen und Erlebnisse, in der Natur oder göttlich inspiriert. Letztgenannte Vorstellung ist in vielen Religionen und auch bei Philosophen in der Antike verbreitet.

In der modernen Kreativitätsforschung geht man davon aus, dass Inspirationen kein Zufall sind, sondern gezielt gefördert (wenn auch nicht erzwungen) werden können. Im Unterschied zur populären Vorstellung, wonach kreative Produkte das Ergebnis von einem Geistesblitz seien, geht die psychologische Forschung davon aus, dass kreative Lösungen eher langandauernden Prozessen unterliegen, welche manchmal viele Jahre wirken können. Doch auch wenn wir zur Ausführung bzw. Transpiration (Ausatmung) einer Idee Zeit brauchen, steht am Anfang eine Idee, die uns inspiriert.

Entscheidend für das Erleben von Inspirationen scheint eine Inkubationsphase zu sein. Sie kann durch Anregung, aber auch durch Meditation sowie Ruhe und Stille initiiert werden.

> **ÜBUNG**
>
> **Quellen der Inspiration**
>
> Jeder Mensch hat seine eigenen Quellen der Inspiration. Für die einen ist ein Spaziergang in der Natur inspirierend, für jemand anderen eine Meditation, für den nächsten Bücher oder Mentoren und eine weitere Person nutzt alles zusammen.
>
> Je nachdem, welches Thema oder Projekt dich gerade beschäftigt, für das du eine frische Prise Inspiration benötigst, kann dich ein anderer Weg zum Ziel führen. Um mehr inspirierende Momente ins Leben einzubauen, ist es hilfreich, eine Liste deiner persönlichen Inspirationsquellen zu erstellen und darauf zu vermerken, bei welchen Anlässen sie dir geholfen haben.
>
> So kannst du bei der nächsten Gelegenheit gezielt darauf zurückgreifen und mit einem erfrischten, inspirierten Geist in deine Projekte starten.

„Genie ist ein Prozent Inspiration und 99 Prozent Transpiration."

Thomas Edison

Praxis: Welches sind deine wichtigsten Inspirationsquellen?
Wo haben sie dir geholfen?

83. Integrität

Integrität ist eine zentrale ethische Forderung des philosophischen Humanismus nach einer möglichst weitgehenden Übereinstimmung zwischen den eigenen Idealen und Werten und der täglichen Lebenspraxis. Persönliche Integrität gilt als Treue zu sich selbst – im Gegensatz zu einer Korrumpierbarkeit, bei der eine Person sich von den Verlockungen durch äußere Einflüsse leiten lässt. In diesem Sinne bedeutet Integrität auch Unbestechlichkeit. Sie ist besonders in Gesellschaften, denen es an Vorbildern mangelt, eine Herausforderung.

Für die Wirtschaftspsychologen Palanski und Yammarino zeigt sich Integrität an drei Merkmalen: Einklang von Wort und Tat, individuelle Moralität sowie Verteidigung der Werte gegen Widerstände.

Der Entwicklungspsychologe Erikson bezeichnet Integrität als achte und letzte Stufe in seinem psychosozialen Modell der Entwicklung. Demnach gilt es als unsere letzte Entwicklungsaufgabe, am Lebensende auch den eigenen Tod weise zu akzeptieren und ins Leben zu integrieren.

> **ÜBUNG**
>
> **Integrität integrieren**
>
> Wie lebst du deine Ideale und Werte in deinem täglichen Leben?
>
> Bringst du deine Worte mit deinen Taten in Einklang?
>
> Verteidigst du deine persönliche Einstellung gegen Widerstände?
>
> Indem du dich mit diesen drei Fragen auseinandersetzt und die Antworten darauf notierst, kannst du dir der Kraft deiner Integrität bewusst werden. Versuche die Handlungen, die deine Werte widerspiegeln, stärker in deinen Alltag einzubringen, so dass sie zur Gewohnheit werden und du sie verinnerlichst.
>
> Achte auf deine Sprache und versprich nichts, was du nicht halten kannst oder möchtest. Letztlich zeigt sich die wahre Integrität in den Momenten, wenn du in Frage gestellt wirst und du deine Werte verteidigen musst. Bist du dafür bereit?

„Integrität braucht keine Regeln."
Albert Camus

Praxis: Als wie integer würdest du dein Leben bezeichnen? Gibt es noch Luft nach oben? Wenn ja, in welchen Situationen?

84. Lebenssinn

Einen Lebenssinn hat, wer die Frage nach dem Sinn des Lebens positiv beantwortet, worin auch immer der Sinn gesehen wird. In der Psychologie spricht man auch von existenzieller oder spiritueller Intelligenz (Gardner) – als der Fähigkeit, dem eigenen Leben einen Sinn zu geben.

Die Erfahrung von Sinn hat für die physische und psychologische Gesundheit eine fundamentale Bedeutung, wie viele Studien belegen. Die Frage nach dem Sinn des Lebens muss nicht eine positive Antwort nach sich ziehen. Viele Menschen wählen den Weg der Verdrängung der Sinnfrage. Andere reagieren eher zynisch, da sie eine große Sinnleere in ihrem Leben empfinden. Wer keinen Sinn sieht, kann verzweifeln oder depressiv werden, was in letzter Konsequenz auch zu einem Suizid führen kann.

Heutzutage können real existierende Gefahren, wie zum Beispiel ein drohender Atomkrieg oder die Klimakatastrophe, zu Zweifeln am Sinn des Lebens führen. Sinnangebote geben Religionen wie Christentum (Gemeinschaft mit Gott) oder Buddhismus (völliges Verlöschen im Nirwana). Emmons fand vier Bereiche des subjektiven Sinnerlebens: Arbeit, Beziehungen, Spiritualität und Fortpflanzung.

> **ÜBUNG**
>
> **Meine letzten Worte**
>
> Eine Übung, die es erlaubt, sich der Beantwortung der Frage nach dem großen Sinn des Lebens zu nähern, besteht darin, das Leben vom Ende aus zu betrachten.
>
> Stell dir vor, du bist am Ende deines glücklichen und erfüllten Lebens angekommen und bereit, dieses Leben zu verlassen. Doch alles, was du im Laufe der Jahre geleistet und an andere Menschen weitergegeben hast, ist wie von Zauberhand verschwunden. Nun bekommst du einen Zettel in die Hand, auf den du drei Dinge schreiben darfst, die du der Menschheit mitgeben kannst, bevor du verstirbst.
>
> Schreibe dir diese drei Dinge heute auf. Welchen Sinn für dein Leben kannst du in diesen drei Aussagen erkennen?

„Der Sinn des Lebens ist das Leben selbst."
Johann Wolfgang Goethe

Praxis: Welche drei Aussagen stehen auf deinem Zettel?
Was sagen sie über den Sinn deines Lebens aus?

85. Leidenschaft

Leidenschaft bezeichnet einen Zustand stark emotionaler bzw. extremer Erregung gegenüber einer Sache oder einem Menschen. Meist ist Leidenschaft etwas Positives – ein starker Antrieb, der uns hilft, bestimmte Ziele erreichen zu können.

Leidenschaft kann jedoch auch negative Auswirkungen haben, z. B. wenn eine leidenschaftliche Liebe nicht erwidert wird. Im heutigen Alltagssprachgebrauch ist ein Zusammenhang mit „Leiden" aber eher selten präsent. Positiv geht Leidenschaft eher mit Begeisterung, Enthusiasmus und Sehnsucht einher. Gruppendynamisch kann sie ansteckende Wirkungen entfalten.

Arbeitspsychologisch weist Tomoff aus der Perspektive der Positiven Psychologie darauf hin, dass einem „Workoholic" im Gegensatz zu einem leidenschaftlich Engagierten oft der Spaß fehle. Doch gerade die positiven Emotionen der Leidenschaft können zu Höchstleistungen führen. Auch die Dreiecksheorie der Liebe nach Sternberg sieht Leidenschaft in Verbindung mit Bindung und Vertrautheit als starke positive Kraft an.

> **ÜBUNG**
>
> **Zeitlose Leidenschaft**
>
> Kinder handeln häufig leidenschaftlich, ohne darüber nachzudenken. Sie sind vollkommen präsent und geben sich allen Gefühlen ohne Rücksicht auf Verluste hin. Entdecke das Kind, welches immer noch in dir steckt, und lasse mehr Leidenschaft in deinen Alltag fließen!
>
> Welche Dinge hast du als Kind gern getan und bist dabei aufgeblüht? Welche Erinnerungen lösen heute noch ein Kribbeln der Aufregung und (Vor-)Freude aus? Welche Aktivitäten hast du dir von damals beibehalten, bei denen du in deiner Leidenschaft aufgehst?
>
> Gönne dir eine kleine Zeitreise in die Vergangenheit und gehe einen Tag lang allen Dingen nach, die damals das Gefühl von Leidenschaft in dir ausgelöst haben. Bewirken sie heute noch das Gleiche?

„In dir muss brennen, was du in anderen entzünden willst."

Augustinus

Praxis: Welche Leidenschaft hast du dir bis heute bewahrt?

86. Mäßigung

In der Positiven Psychologie ist Mäßigung nach Peterson und Seligman eine Tugend bzw. Charakterstärken-Familie mit vier Mitgliedern: Selbstregulation, Vergebungsbereitschaft, Bescheidenheit und Besonnenheit. Alle Eigenschaften dienen der Vorbeugung von Exzessen.

Eine finnische Langzeitstudie konnte belegen, dass Mäßigung in der Kindheit und Jugend ein Prädiktor für das spätere soziale Funktionsniveau im Erwachsenenalter, privat wie beruflich, ist. Mäßigung erhöht unsere Lebenserwartung um viele Jahre, wenn wir z. B. an Rauchen, Ernährung und Alkohol denken.

Auch gesellschaftlich würde Mäßigung guttun, z. B. ökologisch (Schadstoffe) oder sozial (Managergehälter). So definiert Mehl Mäßigung als „ein subjektives, erlernbares Konstrukt, das eine ethische Reaktion auf Begierde und sonstige exzessive Tendenzen impliziert."

> **ÜBUNG**
>
> **Restaurant-Besuch**
>
> Mäßigung lässt sich am besten in Situationen üben, in denen die Verlockung zum Überfluss sehr groß ist. Fällt dir solch eine Situation ein?
>
> Das kann zum Beispiel der Besuch in einem All-you-can-eat-Restaurant oder jeder andere Moment (wie eine Familienfeier) sein, wenn Essen am Buffet im Überfluss zu Verfügung steht. Hier besteht für viele Menschen der Drang, mehr zu essen als eigentlich nötig wäre, weil die Speisen ohne Begrenzung nachgeholt werden können.
>
> Wenn du dich in der Mäßigung verbessern möchtest, empfehlen wir dir in solchen Momenten der Verlockung besonders aufmerksam zu sein. Iss genau so viel wie nötig, damit du gut gesättigt bist und stelle dann deinen Teller beiseite. Wenn du langsamer isst und bewusst deine Speisen wahrnimmst, kannst du dich gleichzeitig im achtsamen Essen üben und wirst keinen „Verlust" erleben.
>
> Eine Win-Win-Situation ... – guten Appetit!

„Nichts zu sehr."

Solon

Praxis: Welche Erfahrung hast du bei deiner Übung gemacht? Ist sie dir leicht- oder schwergefallen? Wie fühltest du dich im Anschluss?

87. Moral

Moral umfasst die Gesamtheit aller geltenden Werte, Normen und Tugenden. Die theoretische Auseinandersetzung mit Moral ist Gegenstand der philosophischen Disziplin der Ethik.

Den psychologisch prominentesten Beitrag zur Frage von Moral lieferte bisher Lawrence Kohlberg mit seiner Theorie zur Moralentwicklung. Die Theorie geht davon aus, dass sich das moralische Bewusstsein beim Menschen stufenweise immer in derselben Reihenfolge entwickelt, wobei nicht alle Menschen die höheren Stufen des Moralbewusstseins erreichen. Kohlberg beobachtete, dass bis zur höchsten Stufe 7 nur Menschen mit einer universellen Liebe wie Jesus oder Buddha kommen. Kritisch wurde Kohlberg die Benachteiligung von Frauen und Kindern vorgeworfen, darüber hinaus eine einseitig kognitive Perspektive, welche die Bedeutung von Emotionen als Motiv moralischen Handelns ignoriert.

Angesichts der mangelhaften Beschäftigung mit moralischen Fragen in der traditionellen Psychologie und der kritischen Distanz gegenüber Moral in der Politik und Wirtschaft sollte sich eine Positive Psychologie dieser Verantwortung stellen.

> **ÜBUNG**
>
> **Wo bleibt die Moral?**
>
> Um die eigene Moral herauszufordern und zu hinterfragen, sind moralische Dilemmata, die als Gedankenexperiment dienen, ein guter Ansatzpunkt. Hierbei werden dem Leser zwei Möglichkeiten des Handelns zur Verfügung gestellt, die beide unangenehme und teilweise unakzeptable Folgen haben.
>
> Ein berühmtes Dilemma stammt von der britischen Philosophin Philippa Foot: „Stell dir vor, ein außer Kontrolle geratener Zug rast die Gleise hinunter. Weiter hinten befinden sich fünf Gleisarbeiter, die getötet werden, sollte niemand die Weiche umstellen und den Zug auf ein anderes Gleis umleiten. Auf dem anderen Gleis befindet sich allerdings auch ein Gleisarbeiter, der durch die Umstellung sterben würde. Du befindest dich am Hebel, der die Weichen einstellt."
>
> Was tust du? Und warum?

„Es gibt viele Religionen, aber nur eine Moral."

John Ruskin

Praxis: Wie fühlt es sich an, das Dilemma zu durchdenken?
Welche moralischen Grundsätze kommen dir dabei in den Sinn?

88. Mündigkeit

Mündigkeit ist ein Terminus, der auf den Philosophen Kant zurückgeht. Er beschreibt das innere und äußere Vermögen zur Selbstbestimmung, Eigenverantwortung und Unabhängigkeit. Die Ausführungen von Kant stammen aus seinem Text mit dem Titel „Beantwortung der Frage: Was ist Aufklärung?" von 1784:

„Aufklärung ist der Ausgang des Menschen aus seiner selbst verschuldeten Unmündigkeit. Unmündigkeit ist das Unvermögen, sich seines Verstandes ohne Leitung eines anderen bedienen zu können (…)" – „Sapere aude! Habe Mut, dich deines eigenen Verstandes zu bedienen!" ist der Wahlspruch der Aufklärung. Obwohl dieses Credo über 200 Jahre alt ist, wirkt es zeitlos aktuell.

Besondere Relevanz hat Mündigkeit heute in der Arbeitswelt. Führungskräfte sollten sowohl gegenüber Vorgesetzten mündig sein als auch mündige Mitarbeiter befördern. Leider zeigt die Realität oft eher das Gegenteil, wie die Gallup-Studien belegen, nach denen viele Arbeitnehmer den Eindruck haben, dass sie nicht ernst genommen werden. Dabei trug die Idee der Aufklärung dazu bei, dass 90 % aller Nobelpreisträger aus den Ländern kommen, in denen die Aufklärungsidee einflussreich war. So sollten bereits Kinder zur Mündigkeit ermutigt werden.

> **ÜBUNG**
>
> **Mündige Beispiele**
>
> Welche Taten sind für dich ein Ausdruck deiner Mündigkeit? In welchen Momenten hast du deine Selbstbestimmtheit, Unabhängigkeit und Eigenverantwortung unter Beweis gestellt?
>
> Halte in den nächsten Tagen Ausschau nach Gelegenheiten, in denen du dich in Mündigkeit üben kannst. Eine Möglichkeit besteht darin, eine Demonstration zu besuchen und für ein Thema einzustehen, das dir wichtig ist. Du kannst auch eine schwierige Situation auf der Arbeit oder im privaten Leben ansprechen und deine Meinung zum Ausdruck bringen. Oder du übernimmst Verantwortung für die Gesellschaft, indem du dich ehrenamtlich engagierst.
>
> Denke daran, dass du keine Berge versetzen musst, um mündig zu sein. Im Gegenteil: Häufig reichen ehrliche Worte oder kleine Taten aus.

„Es ist so bequem, unmündig zu sein."
Immanuel Kant

Praxis: Welche Beispiele deiner Mündigkeit fallen dir ein?

89. Neugier

Neugier ist das als Reiz auftretende Verlangen, stets Neues zu erfahren und Verborgenes kennenzulernen. Neugier heißt, Interesse an allem zu haben, was geschieht, vieles spannend zu finden und entdecken zu wollen.

In der Psychologie ist Neugier eingebettet in das breitere Konzept der Offenheit. McDougall sieht in der Neugier den wichtigsten Kern der Motivation als Basis aller kulturellen und wissenschaftlichen Leistungen der Menschheit. Empirisch konnte eine Studie mit 50.000 Studierenden zeigen, dass Neugier für den Studienerfolg wichtiger als der Intelligenzquotient ist.

Neugierige Menschen finden auch leichter Kontakt und größere Netzwerke. Bei einer Langzeitstudie mit 2000 Senioren zeigte sich, dass Neugier auch eine deutlich höhere Lebenserwartung bescheren kann. Umso wichtiger wäre es, Neugier in der Schule zu fördern. Engel konnte belegen, dass Schüler in der ersten Klasse etwa 20 Fragen pro Stunde, in der fünften Klasse aber nur noch zwei Fragen pro Stunde stellen. In Nepal bekommen die Kinder in der Grundschule Noten im Fach Neugier.

ÜBUNG

Neues entdecken

In unserer heutigen Welt gibt es eine Vielzahl an Wissen, Fähigkeiten und Fertigkeiten, die wir uns im Laufe des Lebens aneignen können. Wenn du deine Neugier anfachen und dich dazu motivieren möchtest, etwas Neues zu lernen, kann es hilfreich sein, in eine Bibliothek zu gehen und langsam durch alle Regale zu schlendern.

An diesem Ort findest du Bücher, CDs, DVDs und Zeitschriften zu allen möglichen Themen – umsonst. Selbst wenn du vorher nicht weißt, was du in einer Bibliothek ausleihen möchtest, wird deine Neugier durch die Vielzahl an Möglichkeiten geweckt.

Sei offen und begib dich auf eine Reise in unbekannte Gewässer des Wissens.

„Neugier ist der schnellste Lehrer."
Erhard Blanck

Praxis: Welche Bibliothek hast du besucht? Wohin hat dich deine Neugier geführt? Hast du etwas Neues entdeckt?

90. Religiosität

Religiosität ist ein Ausdruck der Suche nach dem Ursprung und Sinn unseres Seins. Einstein definiert sie so: „Zu empfinden, dass hinter dem Erlebbaren ein für unseren Geist Unerreichbares verborgen ist, dessen Schönheit und Erhabenheit uns nur mittelbar und in schwachem Widerschein erreicht, das ist Religiosität."

Fragen nach Abgrenzung von Religiosität und Spiritualität werden kontrovers diskutiert, da sich manche Menschen sowohl als religiös als auch als spirituell bezeichnen, einige jedoch nur religiös oder nur spirituell und viele weder noch, wobei es bei der Verteilung global gesehen große Unterschiede gibt. Allgemein wird Religiosität durch die Zugehörigkeit einer Religion, speziell durch eine Gottesbeziehung, definiert.

Religionspsychologisch gibt es weltweit kein religionsloses Volk. Vielmehr sind etwa sechs von sieben Menschen gläubig. In Deutschland ist der Anteil jedoch wesentlich geringer. Daher ist es vielleicht auch kein Zufall, dass Religiosität hierzulande bisher noch kaum erforscht wurde. Internationale Befunde zeigen positive Zusammenhänge zwischen Religiosität und Gesundheit, demographisch auch zu Kinderreichtum.

> **ÜBUNG**
>
> **Sätze des Glaubens**
>
> Nur selten wachsen Menschen komplett ohne einen Bezug zur Religion auf. Die meisten von uns wurden in einer bestimmten Religion unterrichtet (z. B. in der Schule), feiern mit ihren Familien religiöse Feiertage und haben in ihrem Leben religiöse Rituale durchgeführt.
>
> Selbst wenn man sich im Teenager- oder Erwachsenenalter von der anerzogenen Religion abgrenzt, ist man geprägt von dem, was einem im Kindesalter beigebracht wurde. Welche Religion wurde dir von deiner Familie mitgegeben? Welche Rituale dieser Religion lebst du heute noch und wie würdest du deinen eigenen Glauben beschreiben?
>
> Sich mit diesen Fragen zu beschäftigen und die Antworten aufzuschreiben, wird dir Aufschluss darüber geben, inwiefern Religion eine Rolle in deinem Leben spielt.

„Religion ist Ehrfurcht."

Thomas Mann

Praxis: Wie würdest du deinen Glauben in drei Sätzen beschreiben? Welche Folgen haben diese Aussagen für dein Leben?

91. Schönheit

Schönheit ist ein Begriff, mit dem sich die philosophische Disziplin der Ästhetik („Lehre vom Schönen") beschäftigt. Im Alltag wird das als „schön" bezeichnet, was einen besonders angenehmen Eindruck hinterlässt, z. B. ein schöner Körper, ein schönes Musikstück oder ein schönes Erlebnis. Dabei sind subjektive Wertungen abhängig von Wertvorstellungen.

Psychologisch sind Fragen menschlicher Schönheit Gegenstand der Forschung zur Attraktivität. Studien zufolge werden attraktiv empfundene Personen als erfolgreicher wahrgenommen. Tatsächlich führt das sog. Attraktivitätsstereotyp dazu, dass „schöne Menschen" in fast allen Bereichen der Gesellschaft positiver behandelt werden.

Bis heute ist die Evolutionsbiologie das vorherrschende Paradigma der Attraktivitätsforschung, sodass die Auffassung von Schönheit als kulturellem Konstrukt als Mythos gilt, auch wenn Schönheitsideale subjektiv sind.

> **ÜBUNG**
>
> **Macht (der) Schönheit**
>
> Schönheit liegt im Auge des Betrachters. Was betrachtest du als schön?
>
> Gerade Frauen sehen sich im Alltag durch die Werbung, Zeitschriften oder soziale Medien ständig mit Schönheitsidealen bezüglich ihres Körpers konfrontiert. Und auch in der Männerwelt kommt das Streben nach „schönen" Körpern langsam an. Wer sich nicht aktiv die Frage stellt, wie er selbst äußere und innere Schönheit definiert, läuft Gefahr, sich von gerade angesagten Trends mitreißen und verunsichern zu lassen.
>
> Diese Übung soll dazu dienen, deine angelernte Definition von Schönheit zu hinterfragen und eine eigene zu finden. Beantworte für dich die Frage:
>
> Was macht in deinen Augen sowohl innere als auch äußere Schönheit eines Menschen aus? In welchen Momenten erfreust du dich an Schönheit?
>
> Sammle alle Kriterien, die dir einfallen und schreibe sie auf, damit du dir deine Schönheitsdefinition immer wieder anschauen kannst.

„Die Schönheit der Dinge lebt in der Seele dessen, der sie betrachtet."
David Hume

Praxis: Was bedeutet Schönheit für dich?

92. Seele

Seele (griechisch psyche = Atem) war im antiken Mythos eine Göttin – personifiziert als zarte Geliebte von Eros, des griechischen Gottes der Liebe. Das deutsche Wort Seele stammt von „sele" ab und meint „die vom See stammende". Mit Ausnahme des Buddhismus ist der Glaube an eine unsterbliche Seele in allen großen Religionen präsent. Die Geschichte der Seele ist so alt wie die Menschheit – von der Antike über das Mittelalter bis zum Humanismus und der Zeit der Romantik.

Lange postulierte eine „Psychologie ohne Seele", welche den Menschen auf seine biologischen Abläufe reduzierte.

Mit der Seele beschäftigen sich auch heute noch die Philosophie, Quantenphysik und Medizin. Der Arzt Mac Dougall wog z. B. die Differenz von sterbenden Patienten vor und nach ihrem Tod. Diese Differenz betrug bei den Menschen im Schnitt 21 Gramm (bei Hunden kein einziges Gramm). Auch die Erforschung von Nahtod-Erlebnissen hinterlässt wissenschaftlich viele offene Fragen.

> **ÜBUNG**
>
> **Date mit der Seele**
>
> Jonathan Safran Foer, Autor des Bestsellers *Tiere essen,* hat in seinem Buch *Wir sind das Klima! Wie wir unseren Planeten schon beim Frühstück retten können* in einem Kapitel ein „Gespräch mit der Seele" dokumentiert.
>
> Dabei handelt es sich um einen Dialog mit sich selbst, bei dem der Autor laut denkt und sich dabei immer neue Fragen stellt. Die Fragen und Kommentare kommen von einer inneren Stimme, ähnlich einem mahnenden Gewissen, nur mit dem Unterschied, dass das Gegenüber als Seele des Autors ihn zwar bestens kennt, aber trotzdem verständnisvoll reagiert. Dennoch fordert die Seele ihn immer wieder mit Fragen wie „Warum?" heraus. Dabei entwickelt sich ein ehrliches Gespräch mit einem offenen Ausgang.
>
> Versuche auch einmal ein Selbstgespräch mit dir selbst bzw. deiner Seele zu führen – mündlich oder schriftlich, je nachdem, was dir mehr liegt.

„Alles, was du hast, ist deine Seele."
Tracy Chapman

Praxis: Wann hast du mit deiner Seele gesprochen?
Welche Erkenntnisse kannst du aus diesem Gespräch mitnehmen?

93. Sehnsucht

Sehnsucht wurde lange Zeit nur negativ gesehen, „besonders, wenn man keine Hoffnung hat, das Verlangte zu erlangen", wie die Gebrüder Grimm in ihrem Wörterbuch vermerken. Das Element der Sucht kommt in vielen Überlegungen zur Sehnsucht zum Ausdruck (unvergängliche Liebe, perfekte Schönheit, ewige Jugend und vieles mehr) und kann pathologische Züge annehmen, wenn der Sehnsüchtige etwas sucht, was er nicht finden kann.

Eine Ahnung davon, dass Sehnsucht auch Möglichkeiten einer positiven Entfaltung in sich trägt, vermittelte Baltes kurz vor seinem Tod in einem Forschungsprogramm der Max-Planck-Gesellschaft, das seine Nachfolgerinnen weiter entwickelten.

Demnach gehören zu den Merkmalen der Sehnsucht die scheinbare Unerreichbarkeit einer persönlichen Utopie sowie das Bewusstsein der eigenen Unvollkommenheit, verbunden mit „bittersüßen Gefühlen". Dazu kommt eine Lebensbewertung auf Basis einer Rückschau, die dem Leben eine neue Richtung geben kann, um zu erkennen, was wirklich wichtig ist.

> **ÜBUNG**
>
> **Sehnsucht-Check**
>
> Jeder Mensch trägt bewusste und unbewusste Sehnsüchte in sich, die sein Verhalten und seine Denkweise beeinflussen. Welches ist eine Sehnsucht, die dich immer wieder begleitet? Welche Gefühle werden in dir ausgelöst, wenn du an das Objekt deiner Sehnsucht denkst?
>
> Unterziehe diese Sehnsucht einmal einem „Realitätscheck" und bewerte auf einer Skala von 1 bis 10, wie wahrscheinlich es ist, dass sie eines Tages in Erfüllung geht (1 = nahezu unmöglich, 10 = wird bald passieren).
>
> Was könntest du tun, damit die Erfüllung deiner Sehnsucht auf der Skala zwei Punkte nach oben rutscht? Welches sind Hindernisse, die der Erfüllung deiner Sehnsucht im Weg stehen? Wie kannst du diese Hindernisse überwinden?
>
> Überlege dir drei Handlungen, die du tun kannst, um der Erfüllung deiner Sehnsucht einen Schritt näher zu kommen. Schreibe sie auf und überlege dir ein Datum, bis wann du sie durchgeführt haben willst.

„Sehnsucht lässt alle Dinge blühen."
Marcel Proust

Praxis: Welches ist deine größte Sehnsucht?
Was kannst du tun, um sie wahr werden zu lassen?

94. Spiritualität

Historisch entstand der Begriff der Spiritualität in den christlichen Klöstern und Glaubensgemeinschaften. Spiritualität wird aber auch in anderen Religionen praktiziert, z. B. im Buddhismus durch Meditation ohne Gottbezug. Darüber hinaus gibt es noch viele weitere freie Spielarten von unabhängigen Formen der Spiritualität, wie Magie oder Astrologie, wobei die Grenzen zur Esoterik und zu New Age zunehmend verschwimmen.

Gemeinsam ist den meisten Ausdrucksformen der Spiritualität ein kritisches Hinterfragen des Materialismus. In diesem Sinne strebt Spiritualität nicht nach dem Immer-Mehr eines höheren Lebensstandards, sondern nach einer höheren Lebensqualität durch ein bewussteres Sein, basierend auf alternative Werten, die dem materiellen Mainstream widersprechen.

Ein weiteres wichtiges Wesensmerkmal von Spiritualität ist Verbundenheit. In diesem Sinne unterscheidet der britische Psychotherapeut O'Hanlon die drei „Cs der Spiritualität": Connection (sich mit anderen oder etwas Höherem verbunden fühlen), Compassion (Mitgefühl und Liebe für andere empfinden) sowie Contribution (etwas Gutes für andere und die Welt tun). Studien belegen positive Zusammenhänge zwischen Spiritualität und diversen Dimensionen des Wohlbefindens, wie z. B. Sinnfindung.

ÜBUNG

Kraftorte suchen

An welchem Ort fühlst du dich besonders mit dir selbst, mit anderen Menschen und der Welt verbunden? Jeder Mensch hat einen sogenannten „Kraftort", an dem er auftanken und zurück zu sich selbst finden kann. Für einige ist dies das Meer, für andere die Berge oder der Wald.

Bei deinem Kraftort kann es sich aber auch um einen gemütlich eingerichteten Platz im eigenen Zuhause, ein schönes Café oder den Sportplatz handeln. Die Hauptsache ist, dass du dort zur Ruhe kommen, über das Leben nachdenken und eine Verbindung zu deiner eigenen Spiritualität fühlen kannst.

Mache dir klar, welcher Ort dies für dich ist, und versuche ihn möglichst häufig zu besuchen.

„Das Auge sieht nur, was der Geist bereit ist zu verstehen."
Henri-Louis Bergson

Praxis: Wo ist dein persönlicher Kraftort? Wie fühlst du dich, wenn du dort bist? Mit wem fühlst du dich verbunden?

95. Stärken

Stärken sind persönliche, überdauernde Muster von Gedanken, Gefühlen und Verhaltensweisen. Obwohl allgemein bekannt ist, was das Bewusstsein der eigenen Stärken bewirken kann, wird es selten gefördert. In einer Gallup-Umfrage unter 300.000 Mitarbeitern in 36 Unternehmen hatten nur 20 % der Befragten das Gefühl, dass ihre Stärken gefragt sind.

Auch die Psychologie konzentriert sich traditionell auf die Defizite des Menschen, wie Klassifikationssysteme psychischer Störungen offenbaren. Die Positive Psychologie hat daher ein Modell mit 24 Charakterstärken entwickelt, die sich sechs Stärken-Familien (Tugenden) zuordnen lassen:

- Weisheit und Wissen (Kreativität, Neugier, Offenheit, Lernbereitschaft und Weisheit)
- Humanität (Beziehungsfähigkeit, soziale Kompetenz und Freundlichkeit)
- Mut (Ausdauer, Tapferkeit, Integrität und Lebenskraft)
- Gerechtigkeit (Führungsstärke, Teamwork und Fairness)
- Mäßigung (Vergebungsbereitschaft, Selbstregulation, Demut und Bescheidenheit)
- Transzendenz (Dankbarkeit, Humor, Sinn für das Schöne, Hoffnung und Spiritualität)

Der größte Zusammenhang zu Lebenszufriedenheit kann für Neugier, Hoffnung, Dankbarkeit und Bindungsfähigkeit belegt werden. Die drei seltensten Stärken sind Selbstregulation, Mäßigung und Weisheit.

ÜBUNG

Stärken stärken

Um sich der eigenen Stärken bewusster zu werden, gibt es verschiedene Verfahren. Eines davon ist die „biographische Stärkenanalyse". Erinnere dich hierfür an einen Moment in deinem Leben, in dem etwas besonders Schönes passiert ist oder du einen besonderen Erfolg feiern konntest, an dem du aktiv beteiligt warst.

Schreibe das Ereignis stichpunktartig auf und überlege dir, was du dafür getan oder welche Stärken du eingesetzt hast, um dieses Ereignis in deinem Leben zu erleben. Du kannst auch alle weiteren Stärken der Liste hinzufügen, von denen du weißt, dass du sie hast. Suche deine TOP 5 Stärken heraus.

Wenn es dir schwerfällt, eine Selbstanalyse durchzuführen, lohnt es sich, Menschen in deinem nahen Umkreis zu fragen, welche TOP 5 Stärken sie in dir sehen. Vielleicht werden dich die Antworten überraschen.

*„Die schwierigste Zeit in unserem Leben ist die beste Gelegenheit,
innere Stärke zu entwickeln."*

Dalai Lama

Praxis: Welche Stärken sind dir bewusst geworden?
Wie kannst du sie noch mehr in deinem privaten sowie beruflichen Leben einsetzen?

96. Tugend

Tugend ist der Ausdruck für eine hervorragende Eigenschaft oder eine vorbildliche Haltung. Platon postuliert die vier Grundtugenden der Weisheit, Gerechtigkeit, Tapferkeit und Mäßigung. Aristoteles zufolge sind die Tugenden der Weg zur Glückseligkeit als geglücktes Leben.

Als christliche Tugenden gelten nach Paulus Glaube, Hoffnung und Liebe. Ferner gibt es auch sog. „preußische" Tugenden (wie z. B. Disziplin) oder buddhistische Tugenden in Form der fünf Silas (z. B. keine Lebewesen zu töten oder bewusstseinstrübende Substanzen zu konsumieren).

In der Positiven Psychologie lebt der Begriff der Tugenden durch das Modell der 24 Charakterstärken nach Peterson und Seligman wieder auf (siehe „Stärken"). Die Tugenden stellen sechs Oberbegriffe dar, deren Charakterstärken Wege aufzeigen, wie die Tugenden in die Tat umgesetzt werden können. Zu den sechs Tugenden der Positiven Psychologie gehören Wissen und Weisheit, Mut, Humanität, Gerechtigkeit, Mäßigung sowie Transzendenz.

> **ÜBUNG**
>
> **Tugenden entfalten**
>
> Angenommen, Martin Luther hat Recht, und die Liebe ist die Tugend aller Tugenden (siehe Zitat). Welche Tugenden sind für dich ein Ausdruck von Liebe?
>
> Schreibe alle Tugenden auf, die dir einfallen. Welche Tugenden sind dir besonders wichtig? Gibt es eine Tugend, die du stärker kultivieren möchtest?

„Die Liebe allein ist eine Tugend und schafft alle anderen Tugenden."
Martin Luther

Praxis: Welches ist deine Lieblingstugend?
Und welche Tugend möchtest du in deinem Leben gern noch mehr ausbauen?

97. Verantwortung

Verantwortung bedeutet im Allgemeinen zu antworten, im Besonderen vor Gericht zu antworten, im reflexiven Sinn sich zu rechtfertigen. Weischedel unterscheidet zwischen sozialer, religiöser und Selbst-Verantwortung.

Aus philosophischer Perspektive weist Sartre auf die Freiheit der Verantwortung hin („Der Mensch ist für alles verantwortlich, was er tut"). Ein gelebtes Beispiel einer Verantwortungsethik verkörperte Bonhoeffer, der sich in seiner Verantwortung vor Gott dem Nationalsozialismus widersetzte und dafür ermordet wurde. Jonas mahnt auch ein „Prinzip Verantwortung" für zukünftige Generationen an.

Die psychologische Forschung kreist bisher um die soziale Verantwortung. Verantwortungsvoll handelt ein Mensch nach Auhagen, wenn er sich auf Basis ethischer Überlegungen in der Rechenschaft für die Konsequenzen seiner Handlung sieht. Empirischen Studien zufolge sind die wichtigsten Bedingungen für ein verantwortliches Handeln neben einer persönlichen Ethik vor allem Vorbilder. Daher lässt sich Verantwortung bereits in der Erziehung grundlegend fördern.

> **ÜBUNG**
>
> **Antwort geben**
>
> Verantwortung zu übernehmen ist nicht immer einfach, weil sie eine bewusste Entscheidung und den Einsatz von Energie erfordert. Doch ein glückliches, selbstbestimmtes Leben ist nur möglich, wenn wir dazu bereit sind, Verantwortung für alle Lebensbereiche zu übernehmen.
>
> Hierfür laden wir dich ein, erst einmal auf die „Schattenseite" zu schauen und dich zu fragen: In welchen Bereichen deines Lebens übernimmst du keine Verantwortung? Diese Bereiche bergen das meiste Entwicklungspotenzial und können durch eine bewusste Übernahme von Verantwortung verändert werden.
>
> Woran könntest du in diesem Lebensbereich erkennen, dass du Verantwortung übernommen hast? Was wäre dann anders?

„Verantwortung sagt, dass uns etwas anvertraut ist."

Hans Jonas

Praxis: Welches sind deine wichtigsten Schritte zu mehr Verantwortung?

98. Werte

Werte sind erstrebenswerte, als gut befundene Wesensmerkmale von Personen. Wissenschaftlich wird die Bedeutung von Werten unterschiedlich gesehen. In den Wirtschaftswissenschaften bezeichnet Wertschöpfung den materiellen Gewinn als das Ziel ökonomischen Handelns. Sozialwissenschaftlich geht es beim ethischen Handeln vor allem um das Schaffen ideeller Werte. Sozialkritisch unterscheidet Fromm in seinem Werk *Haben oder Sein* materialistische und idealistische Werte.

Sozialpsychologisch hat Schwartz die Frage aufgeworfen, ob es universelle Werte gibt. So entwickelte er ein Wertemodell auf Basis der Befragung von 50.000 Menschen aus 50 Ländern über 50 Werte. Diese bilden sich in einem Wertekreis auf den Achsen „Selbst-Stärkung" versus „Selbst-Transzendenz" und „Offenheit gegenüber Neuem" versus „Bewahrung des Bestehenden" ab. Bilanzierend lässt sich festhalten, dass es zeitlose Werte gibt, die sich auch in allen Weltreligionen finden lassen.

ÜBUNG

Werte-Welten

Sowohl in der gesamten Gesellschaft als auch in Gruppen wie Familien oder Freundeskreisen werden unterschiedliche Werte für richtig empfunden und gelebt. Sich den Werten der direkten Umgebung bewusst zu werden, kann einen guten Aufschluss über die eigenen Werte geben, da sich beides gegenseitig beeinflusst.

Versuche bei deiner Werte-Analyse vom Kleinen ins Große zu gehen: Beginne mit den Menschen, die dir am nächsten stehen (z. B. deine Familie und Freunde) und schreibe die wichtigsten Kernwerte auf, die in dieser Umgebung gelebt werden. Rufe dir dann die Menschen in den Sinn, mit denen du zwar regelmäßig Kontakt, aber nicht unbedingt eine enge emotionale Bindung hast (z. B. Nachbarn und Arbeitskollegen). Als letztes gehe in die größte Ebene, von der du dich persönlich beeinflusst fühlst (z. B. deine Stadt oder die von der Gesellschaft propagierten Werte) und schreibe auch hier Werte auf, die du in diesem Umfeld wahrnimmst.

Betrachte nun alle Werte und frage dich, welche davon du selbst lebst und leben möchtest.

„Werte kann man nicht lehren, nur vorleben."
Viktor Frankl

Praxis: Wo findest du deine Werte vertreten und wo nicht?
Wie kannst du deine Werte (vor-)leben?

99. Weisheit

Weisheit ist ein Thema, das wahrscheinlich so alt wie die Geschichte der Menschheit ist. Ursprünglich war es die Philosophie („Liebe zur Weisheit"), die wissenschaftlich für Fragen der Weisheit zuständig war. So galt Sokrates nach dem Orakel von Delphi als weisester Mensch der Antike, da er als einziger wusste, dass er nichts wusste. Zu den wichtigsten Weisheitsquellen der Menschheit zählen religiöse Bücher, wie das tibetanische Totenbuch und die Bibel.

In der Psychologie wird Weisheit erst seit kurzem entdeckt. Im Rahmen des „Berlin Wisdom Paradigm" sah Baltes Weisheit stärker kognitiv als Fakten- und Handlungs-Wissen auf der Grundlage der Reflexion eigener Lebenserfahrungen. Seine Schülerin Glück ergänzt emotionale Komponenten wie zum Beispiel Empathie.

Rowley betont die Notwendigkeit der Verbindung von Weisheit mit ethischen Prinzipien. Schwartz sieht Weisheit sogar als einen „Meta-Wert", von dem in der Praxis die Wirkung aller anderen Werte abhängt.

Entwicklungspsychologisch ist Weisheit für Erikson die finale Lebensaufgabe im Sinne einer Akzeptanz des Todes, die aber letztlich unabhängig vom Alter ist. Aus Sicht der Positiven Psychologie ist die Förderung von Weisheit ein erstrebenswertes Ziel, schließlich geht sie auch mit guter Gesundheit und Trauma-Bewältigung einher.

ÜBUNG

Weise Menschen

Ganz instinktiv spüren viele Menschen, wer in ihrem Umfeld „weise" ist. Häufig gehören diese Menschen der älteren Generation an, manchmal sind es aber auch Kinder, die uns mit ihrer Leichtigkeit zum Nachdenken anregen.

Weise Menschen können als Mentoren oder Coaches gute Begleiter sein und die Augen für das Wesentliche im Leben öffnen. Welche Menschen in deinem Leben würdest du als weise bezeichnen? Wann und auf welche Art profitierst du von ihrer Weisheit und welche Eigenschaften machen sie aus?

Schreibe anhand deiner Beispiele auf, was Weisheit für dich bedeutet.

„Das Leben ist eine unendliche Lektion loszulassen."

Julia Hill

Praxis: Welche Menschen in deinem Umfeld sind besonders weise?
Welches sind deine Kriterien für Weisheit?

100. Zeitwohlstand

Zeitwohlstand ist ein modernes Konzept der Wirtschafts- und Sozialwissenschaften. Die Idee des Zeitwohlstands umfasst viele Dimensionen, u. a. das Ausmaß der eigenen Zeit (Zeit-Reichtum in Form von Muße und Freizeit), Zeit-Souveränität (Selbstbestimmung über die Zeit), subjektive Qualität der gelebten Zeit (Wohlbefinden) und die Einbindung in Zeit-Intuitionen (wie z. B. Wochenende, Feiertage oder Bildungsurlaub). In dieser Interpretation ist Zeitwohlstand durch die Verknüpfung von Indikatoren messbar.

Psychologisch kann Zeitwohlstand auch als Bedürfnis nach Selbstverwirklichung (nach Maslow) verstanden werden, welches nach Befriedigung primärer materieller Bedürfnisse einsetzt. Nach Sohr ist Zeitwohlstand ein bedeutsames Ziel im Coaching, quasi als Kür nach der ‚Pflicht' von erfolgreichem Zeitmanagement, im Geist Positiver Psychologie auf dem Weg zu einem erfüllten Leben.

Im Gegensatz zu einem erfolgreichen Zeitmanagement, das vor allem nach Effizienz strebt, geht es beim Zeitwohlstand um Fragen der Qualität, Sinnhaftigkeit und Entschleunigung.

> **ÜBUNG**
>
> **Zeitkuchen-Zeugnis**
>
> Zeit ist eine kostbare Ressource. Beim Zeitwohlstand geht es um Fragen zur Qualität der verbrachten Zeit, ihrer Sinnhaftigkeit und der Entschleunigung. Nimm als Übung deine Zeit unter die Lupe und werde dir darüber bewusst, wie nah du dem Zeitwohlstand bist.
>
> Zeichne dafür auf ein Din A4-Blatt eine Tabelle. In die Spalten gehören die sieben Wochentage, in die Zeilen die 24 Stunden pro Tag (wenn du die Übung vereinfachen möchtest, kannst du auch größere Spalten bilden). Schreibe in die Kästchen die typischen Inhalte deiner Stunden (z. B. „Schlafen" und „Arbeit"). Danach hast du einen ersten quantitativen Überblick über die Verteilung deiner Zeit.
>
> Überlege nun, wie du die unterschiedlichen Tätigkeiten, mit denen du deine Zeit verbringst, wahrnimmst, indem du das Erleben jeder einzelnen Tätigkeit mit einer Schulnote bewertest (z. B. Einkaufen = „befriedigend"). Wie fällt das Zeugnis deines Zeitkuchens aus?

„Alles hat seine Zeit."

Salomo

Praxis: Betrachte deinen „Zeitkuchen": Welche Stücke schmecken gut und welche könnten besser schmecken? Wann erlebst du Zeitwohlstand? Was könntest du tun, um ihn zu mehren?

Literatur

Aron, E. (2007): *Sind Sie hochsensibel?* Heidelberg.
Auhagen, A. (1991): *Freundschaft im Alltag.* Bern.
Auhagen, A. (1999): *Die Realität der Verantwortung.* Göttingen.
Auhagen, A. (2004): *Positive Psychologie. Anleitung zum besseren Leben.* Weinheim.
Auhagen, A. (2006): *Positive Kommunikation.* Gütersloh.
Baltes, P. (1990): Entwicklungspsychologie der Lebensspanne. Theoretische Leitsätze. *Psychologische Rundschau* 41, 1–24.
Blickhan, D. (2015): Formel für gelingendes Leben. Warum die Positive Psychologie mehr ist als Happyologie. *Praxis Kommunikation* 5/15, 11–15.
Blickhan, D. (2018): *Positive Psychologie. Ein Handbuch für die Praxis.* Paderborn.
Brockert, S. (2001): *Positive Psychologie. Gesund und glücklich durch emotionale Fitness.* Stuttgart.
Bugental, J.F.T. (1964): The Third Force in Psychology. *Journal of Humanistic Psychology* 1, 19–26.
Burow, O. (2011): *Positive Pädagogik. Sieben Wege zu Lernfreude und Schulglück.* Weinheim.
Canabis, E. & Illouz, E. (2019): *Das Glücksdiktat und wie es unser Leben beherrscht.* Berlin.
Canacakis, J. (1990): *Ich begleite dich durch deine Trauer.* Stuttgart.
Chapman, G. (2012): *Die fünf Sprachen der Liebe.* Marburg.
Csikszentmihalyi, M. (1993): *Das Flow-Erlebnis.* Stuttgart.
Day, L. (1998): *Praktische Intuition.* München.
Ehrenreich, B. (2010): *Smile or die. How Positive Thinking fooled America and The world.* London.
Einstein, A. (1932): *Mein Glaubensbekenntnis.* Berlin.
Ekman, P. (2004): *Gefühle lesen.* Heidelberg.
Erikson, E. (1959): *Identität und Lebenszyklus.* Frankfurt.
Fogelman, E. (1994): *Conscience and Courage.* New York.
Foot, P. (2014): *Die Natur des Guten.* Frankfurt.
Frankl, V. (1972): *Der Mensch auf der Suche nach Sinn.* Stuttgart.
Frankl, V. (1977): *… trotzdem Ja zum Leben sagen. Ein Psychologe erlebt das Konzentrationslager.* München.
Fredrickson, B. (2011): *Die Macht der guten Gefühle.* Frankfurt.
Freud, S. (1930): *Das Unbehagen in der Kultur.* Frankfurt/Main.
Frey, D. (2001): Anmerkungen zur (deutschen) Sozialpsychologie. In: R. Silbereisen & D. Frey (Hrsg.), *Perspektiven der Psychologie.* Weinheim, 109–126.
Fromm, E. (1956): *Die Kunst des Liebens.* Frankfurt.
Fromm, E. (1976): *Haben oder Sein.* Frankfurt.
Gardner, H. (1985): *Abschied vom IQ.* Stuttgart.
Gigerenzer, G. (2007): *Bauchentscheidungen.* München.
Gilbert, P. (2014) *Achtsames Mitgefühl.* Freiburg.
Glück, J. (2014): *Weisheit.* München.
Grawe, K. (2000): *Psychologische Therapie.* Göttingen.
Huppertz, M. (2015): *Achtsamkeitsübungen.* Paderborn.
Hurrelmann, K. (1999): *Gesundheitswissenschaften.* Heidelberg.

Illouz, E. (2019): Glück wurde zu einer Ware. *Spiegel* 44, 104–106.
Inglehart, R. (1977): *Die stille Revolution.* Princeton.
Janison, K. (2004): *Exuberance. The Passion of Life.* New York.
Jonas, H. (1979): *Das Prinzip Verantwortung.* Frankfurt.
Joseph, S. (2017): *Authentizität.* München.
Jüttemann, G. (2000): *Die Seele. Ihre Geschichte im Abendland.* Köln.
Kabat-Zinn, J. (2014): *Stressbewältigung durch die Praxis der Achtsamkeit.* Freiburg.
Kann, C. (2001): *Fußnoten zu Platon. Philosophiegeschichte bei Whitehead.* Hamburg.
Kant, I. (1784): „Was ist Aufklärung?" *Berlinische Monatszeitschrift* 12, 481–494.
Kohlberg, L. (1996): *Die Psychologie der Moralentwicklung.* Frankfurt.
Kreibich, R. & Sohr, S. (2002): *Visiotopia. Bürger entwerfen die Zukunft der Gesellschaft.* Baden-Baden.
Kübler-Ross, E. (1969): *Interviews mit Sterbenden.* Stuttgart.
Kuhn, T. (1962): *The structure of scientific revolutions.* Chicago.
Lakefield, V. (2019): *Positive Psychologie. Der Schlüssel zu Optimismus, Selbstliebe und Energie!*
Lee, J.A. (1976): *The colors of love.* New York.
Lewin, K. (1953): *Die Lösung sozialer Konflikte.* Bad Nauheim.
Luhmann, N. (1967): *Vertrauen.* München.
Maslow, A. (1954): *Motivation and Personality.* New York.
Maslow, A. (1966): *The Psychology of Science.* New York.
Masters, W. & Johnson, V. (1977): *Die sexuelle Reaktion.* Hamburg.
Mayring, P. (2012): Kritik der Positiven Psychologie. *Psychologie und Gesellschaftskritik* 36, 45–61.
Miedaner, T. (2000): *Coach dich selbst, sonst coacht dich keiner!* München.
Milgram, S. (1974): *Das Milgram-Experiment.* Hamburg.
Mischel, W. (2015): *Der Marshmallow-Test.* München.
Mitscherlich, A. und M. (1967): *Die Unfähigkeit zu trauern.* Frankfurt.
Miyazaki, Y. (2018): *Heilsames Waldbaden.* München.
Mogel, H. (1995): *Geborgenheit. Psychologie eines Lebensgefühls.* Berlin.
Neff, K. (2012): *Selbstmitgefühl.* München.
Peterson, C. & Seligman, M. (2004): *Character strengths and virtues. A handbook and classification.* New York.
Popper, K. (1934): *Logik der Forschung.* Tübingen.
Precht, R.D. (2008): *Wer bin ich, und wenn ja, wie viele?* München.
Rachow, R. (2016): Stärken für alle. Bericht vom ersten Kongress des Dachverbandes der deutschsprachigen Positiven Psychologie. *Praxis Kommunikation* 5/16, 58–59.
Ricard, M. (2016): *Allumfassende Nächstenliebe.* Hamburg.
Rinderspacher, J. (1985): *Gesellschaft ohne Zeit.* Frankfurt.
Rogers, C. (1961): *Entwicklung der Persönlichkeit.* Stuttgart.
Rose, N. (2019): *Arbeit besser machen. Positive Psychologie für Personalarbeit und Führung.* Freiburg.
Safran Foer, J. (2019): *Wir sind das Klima!* Köln.
Schaffer, U. (2006): *Handbuch der Mutigen.* Stuttgart.
Schmid, W. (1998): *Philosophie der Lebenskunst.* Frankfurt.
Schorr, B. (2011): *Hochsensibilität. Empfindsamkeit leben und verstehen.* Holzgerlingen.
Schweitzer, A. (1962): *Die Ehrfurcht vor dem Leben.* München.

SELIGMAN (1993): *What you can change and what you can't.* London.
SELIGMAN, M. (2001): *Pessimisten küsst man nicht – Optimismus kann man lernen.* München.
SELIGMAN, M. (2005): *Der Glücksfaktor. Warum Optimisten länger leben.* Bergisch-Gladbach.
SELIGMAN, M. (2007): Coaching and Positive Psychology. In *Australian Psychologist* 42, 4, 266–267.
SELIGMAN, M. (2012): *Flourish. Wie Menschen aufblühen.* München.
SELIGMAN, M. (2017): Mein Fazit als Forscher.Keynote auf der 5. Weltkonferenz zur Positiven Psychologie in Montreal. ↗ https://www.inntal-institut.de/blog/martin-seligman-mein-fazit-als-forscher
SMEDT, M. (1987): *Das Lob der Stille.* München.
SNOWDON, D. (2001): *Aging with Grace. What the Nun Study teaches us about leading longer, healthier and more meaningful lives.* Bantam.
SNYDER, C.R. (2000): *Handbook of Hope.* San Diego.
SOHR, S. (2000): *Ökologisches Gewissen.* Baden-Baden.
SOHR, S. (2006): *100 soziale Entdeckungen der modernen Psychologie. Eine alternative Einführung in die Wissenschaft der Seele.* Berlin.
SOHR, S. (2014): *Danke! Mit positiver Rhetorik die Welt verändern.* Berlin.
SOHR, S. (2015): *Weisheit der Weltreligionen. Gemeinsamkeiten und Unterschiede.* Berlin.
Sohr, S. & Abbattista, T. (2020): Stressreduktion durch Bergwandern. München.
SOHR, S. & RÖSLER, S. (2009): *Feel good! Eine Reise mit der Positiven Psychologie.* Berlin.
STEINMEYER, G. (2018): *Die Gedanken sind nicht frei. Coaching – eine Kritik.* Berlin.
SUTTER, M. (2014): *Die Entdeckung der Geduld – Ausdauer schlägt Talent.* Salzburg.
TOMOFF, M. (2015): *Positive Psychologie in Unternehmen.* Wiesbaden.
UTSCH, M. (2017): Negative Presse für die Positive Psychologie. *Materialdienst der Evangelischen Zentralstelle für Weltanschauungsfragen* 5, 181–183.
WATZLAWICK, P. (1968): *Anleitung zum Unglücklichsein.* München.
WONG, P. (2011): Positive Psychology 2.0. Towards a balanced interactive model oft he good life. *Canadian Psychology* 52, 69–81.

Ausblick

Liebe Leserin, lieber Leser,

wir hoffen, du hattest auf deiner Reise durch dieses Buch Freude an der Umsetzung der Übungen. Wir hoffen, dass du viel Neues lernen konntest und auch zukünftig Lust hast, dich mit spannenden Fragen des Lebens zu beschäftigen. Wir als Autoren würden uns sehr darüber freuen, von deinen Erkenntnissen, deinem Feedback oder Anregungen für weitere Übungen zu erfahren. Unsere Kontaktdaten befinden sich auf der letzten Seite.

Die Übungen können und sollen natürlich auch mehrmals durchgeführt werden. Einerseits, um sie zu vertiefen, andererseits, weil du als Mensch im stetigen Wandel bist und so die Übungen nach einer gewissen Zeit andere Ergebnisse hervorbringen können. Nutze dieses Buch deshalb gern als eine Art Schatztruhe, auf die du immer wieder zurückgreifen kannst, um bestimmte Bereiche deines Lebens näher zu beleuchten.

In diesem Sinne wünschen wir dir auch zukünftig viel Freude an diesem Buch und sind gespannt von dir zu hören!

Herzlichst,

Maike Schwier und Sven Sohr

Autoren

Maike Schwier entdeckte ihre Leidenschaft für Persönlichkeitsentwicklung und Schreiben auf ihrer Reise durch Australien nach dem Abitur. Deshalb begann sie nach dieser Reise, „Life Coaching" zu studieren, schrieb ihr erstes Buch und arbeitete als Trainerin sowohl im Sportbereich als auch in der betrieblichen Gesundheitsförderung.
Kontakt: maikeschwier-coaching.com

Sven Sohr studierte nach einer kaufmännischen Lehre Psychologie und Philosophie und promovierte in Soziologie über „Ökologisches Gewissen". Danach war er in der Gesundheitsausbildung und in der Zukunftsforschung tätig, bevor er das Institut für ZukunftsCoaching und Positive Psychologie in Berlin gründete. Heute ist er Professor für Life Coaching an der Deutschen Hochschule für Gesundheit und Sport. Er ist Autor zahlreicher Bücher und Vater zweier Kinder.
Kontakt: sven.sohr@dhgs-hochschule.de

Dankbarkeit als Lebensstil

Liv Larsson

Dankbarkeit, Wertschätzung und Glück

Auf dem Weg zu einem neuen Lebensstil

In unverfälschter, von Herzen kommender Dankbarkeit liegt eine ungeheure Kraft. Sie nährt unsere Beziehungen, verdeutlicht uns, was im Leben wichtig ist und worauf wir verzichten können. Allerdings haben die meisten Menschen eine Denkweise verinnerlicht, die dem natürlichen Dankbarkeitsfluss im Weg steht. So denken wir, wir verdienen etwas und es sei nicht mehr als recht und billig, das zu bekommen, was uns zusteht. Durch eine solche Haltung gehen uns die Fähigkeit zur Dankbarkeit und ihr produktives Potenzial immer mehr verloren.

In diesem Buch ist ein 52-wöchiges Übungsprogramm enthalten, das u. a. auf Ansätzen aus der Gewaltfreien Kommunikation und der Positiven Psychologie basiert.

176 Seiten, kart. • € (D) 20,00 • ISBN 978-3-95571-486-4
Auch als E-Book erhältlich.

Liv Larsson ist CNVC-zertifizierte GFK-Trainerin. In Schweden sowie in europäischen und asiatischen Ländern gibt sie ihre GFK-Kenntnisse an viele Menschen weiter.

Ausführliche Informationen, E-Books sowie weitere erfolgreiche Titel zum Thema finden Sie auf unserer Website:

www.junfermann.de

www.junfermann.de

Das Standardwerk zur Positiven Psychologie

Daniela Blickhan
Positive Psychologie
Ein Handbuch für die Praxis

Das Grundlagenbuch zur Positiven Psychologie im deutschsprachigen Raum

2. Überarbeitete Auflage

Die Interventionen der Positiven Psychologie zielen darauf ab, positive Emotionen, Lebenszufriedenheit und Leistungsfähigkeit zu fördern. Daniela Blickhan gibt einen umfassenden Überblick über Themen, Konzepte und Interventionen der Positiven Psychologie und ihre Anwendung in Coaching und Persönlichkeitsentwicklung.

Zentrale Fragen lauten:
- Warum ist Glück mehr als die Abwesenheit von Unglück?
- Wie lässt sich Zufriedenheit definieren, messen und fördern?
- Wie kann man positive Gefühle nutzen, um auch mit widrigen Lebensumständen gut umzugehen?
- Was macht nachhaltig leistungsfähig?

Für die 2., überarbeitete Auflage hat die Autorin u.a. neue Forschungsergebnisse einbezogen und die Vielschichtigkeit des zentralen Konzepts des Flourishing noch stärker herausgearbeitet.

424 Seiten, kart. • € (D) 45,00 • ISBN 978-3-95571-832-9
Auch als E-Book erhältlich.

Dr. Daniela Blickhan, Dipl.-Psych., Coach und Trainerin, leitet seit mehr als 25 Jahren das INNTAL INSTITUT. Sie bietet dort Ausbildungen in Positiver Psychologie, NLP und Systemischem Coaching an.

Weitere erfolgreiche Titel:
Mindfulness – Gelebte Achtsamkeit
ISBN 978-3-95571-671-4

Immer mit der Ruhe!
ISBN 978-3-95571-673-8

Gedanken verändern Gefühle
ISBN 978-3-95571-614-1

www.junfermann.de

Wache Selbstführung

Katja Bartlakowski

in.sight

Dein täglicher Achtsamkeitsbegleiter + Planer

Der Offline-Begleiter in eine wache Selbstführung – für mehr Klarheit, innere Ruhe und Zufriedenheit. in.sight unterstützt dich darin, ein zufriedeneres und erfolgreicheres Leben zu führen. Er hilft dir,
- Termine und Aufgaben zu organisieren,
- zu verstehen, wie Stress entsteht, und besser mit ihm umzugehen,
- deine achtsame Wahrnehmung zu trainieren und diese mehr und mehr in deinen Alltag zu integrieren,
- täglich innezuhalten und bewussten Momenten der Entspannung Raum zu geben.

Der Planer enthält folgende Elemente:
- ausführlicher Einführungsteil in die hirnphysiologischen Hintergründe unseres Stresserlebens
- Einführung in die Achtsamkeitspraxis
- tägliche Achtsamkeits-Quickies und -übungen
- Platz für eine kurze abendliche Rückschau auf das Positive
- monatliche meditative Vertiefungen und Übungen
- einen Kalenderteil mit viel Freiraum für Aufgabenpriorisierung und Terminplanung
- Kreativraum für Gedanken, Notizen und Ideen
- frei datierbares Kalendarium für 54 Wochen

Dr. Katja Bartlakowski ist systemische Coach, Mediatorin und QM-Auditorin; ausgebildet in der Gewaltfreien Kommunikation sowie in Focusing. Achtsamkeitspraxis (Zen, Vipassana) seit 2008.

ca. 200 Seiten, kart. • ca. € (D) 25,00 • ISBN 978-3-95571-890-9

Shopvorteile

- Kostenloser Versand – weltweit!
- Kein Mindestbestellwert.
- Lieferung innerhalb von 1–2 Tagen.
- Zahlung per Rechnung oder PayPal.

www.junfermann.de